Jakob   Wassermann

Die ungleichen Schalen

Fünf einaktige Dramen

Jakob Wassermann

Die ungleichen Schalen
Fünf einaktige Dramen

ISBN/EAN: 9783337352349

Hergestellt in Europa, USA, Kanada, Australien, Japan

Cover: Foto ©Thomas Meinert / pixelio.de

Weitere Bücher finden Sie auf **www.hansebooks.com**

Die ungleichen Schalen

Fünf einaktige Dramen
von

Jakob Wassermann

S. Fischer, Verlag, Berlin

1912

Inhalt

Rasumowsky

Personen:

Graf Alexei Grigorjewitsch Rasumowsky

Rodion, sein Diener

Michael Jefimowitsch Lassunsky, Kapitänleutnant der
Leibgarden

Fedor Alexandrowitsch Chidrowo, Rittmeister der
Garde-Kavallerie

Graf Grigorij Orlow

Spielt in Petersburg im Jahre 1763.

Ein altertümlich ausgestatteter großer Raum im Hause des Grafen
Rasumowsky. An der Rückwand links ein großer Kamin, in welchem ein
Holzfeuer brennt. Über dem Kamin das Porträt der Kaiserin Elisabeth
Petrowna. Rechts ein erkerartiger Vorbau mit Fenstern gegen die Straße. In
der rechten Seitenwand Türe in die übrigen Gemächer, in der linken der
Ausgang zum Flur.

Rittmeister Fedor Chidrowo, ein junger Mann von 23 Jahren, geht
aufgeregt umher. Nach kurzer Weile tritt Kapitänleutnant Michael
Lassunsky ein, von Rodion geführt, einem alten Kleinrussen.

Lassunsky
(etwa im gleichen Alter wie Chidrowo)
Sag meinem Oheim, daß ich ihn dringend sprechen muß.

Rodion

Eure Erlaucht werden gebeten zu warten. Seine gräfliche Gnaden ist noch bei der Morgenandacht.

Lassunsky

Sag dem Grafen –

Rodion

Es ist der strenge Befehl Seiner gräflichen Gnaden, ihn nicht bei der Morgenandacht zu stören.

Lassunsky

Kerl, die Wichtigkeit –

Rodion

Hab strengen Befehl von Seiner gräflichen Gnaden –

Lassunsky

Scher dich zum Henker. (Rodion wirft Scheite in den Kamin, dann ab.) Du hier, Fedor Alexandrowitsch?

Chidrowo

Grüß dich, Michael Jefimowitsch. Mußt dich gedulden, warte ebenfalls schon lang.

Lassunsky

Orlow ist auf dem Weg hierher.

Chidrowo

(bestürzt)

Das kann nicht sein.

Lassunsky

Orlow ist auf dem Weg hierher.

Chidrowo

Ist das eine Vermutung?

Lassunsky

Eine Gewißheit; wenigstens beinahe.

Chidrowo

Beinahe ist keine Gewißheit. Aber du bist so erregt ...

Lassunsky

Hab Grund dazu. Der Großkanzler Woronzow ist an der Kasan-Kathedrale überfallen worden.

Chidrowo

Bei Gottes Güte, was sagst du da!

Lassunsky

Erwartet Alexei Grigorjewitsch nicht den Großkanzler?

Chidrowo

Ja, Graf Woronzow hat mich geschickt, damit ich seine Ankunft melde. Aber –

Lassunsky

Ich und Anenkow ritten als Eskorte hinter dem Wagen des Großkanzlers. Eine Horde betrunkener Soldaten drängt sich zwischen uns und die Karosse, und auf einmal sind wir abgeschnitten. Wir sehen nur noch, daß der Kanzler gezwungen wird, auszusteigen, dann haben sie ihn in ein Haus geschleppt.

Chidrowo

Und ihr habt nicht dreingehaut?

Lassunsky

Zwei gegen fünfzig?

Chidrowo

Das ist ja Aufruhr, Michael Jefimowitsch.

Lassunsky

Anenkow ist in den Palast zurückgeeilt, ich hierher.

Chidrowo

Und du glaubst –?

Lassunsky

Ich glaube, daß Orlow hier sein wird, eh dort die Uhrzeiger gestreckt stehen.

Chidrowo

Das sollte Orlow wagen?

Lassunsky

Orlow wagt alles. (Zur Türe, ruft hinaus.) Rodion!

Rodion
(kommt)

Erlaucht befehlen?

Lassunsky

Ihr seid nicht an Besuch gewöhnt, Alter?

Rodion

Nein, Erlaucht, wir leben sehr zurückgezogen.

Lassunsky

Nun wohl, ihr werdet binnen kurzem Besuch erhalten, noch dazu sehr unwillkommenen. Sperr die Tore zu.

Chidrowo

Sperr die Tore zu, Alter.

Lassunsky

Ja, sperr die beiden Tore zu, das nach der Gasse und das nach dem Garten.

Rodion

Ist Gefahr für Seine gräfliche Gnaden?

Chidrowo

Schwatz nicht, Alter, tu, was man dir befiehlt. (Rodion ab.)

Lassunsky

(wirft sich in einen Sessel)

Ich bin hin.

Chidrowo

(ungestüm auf und ab gehend)

Wie glaubst du, daß Alexei Grigorjewitsch die Nachricht aufnehmen wird?

Lassunsky

Kann mich nicht erinnern, ihn je sonderlich erstaunt gesehen zu haben.

Chidrowo

Das ist böse.

Lassunsky

Bah! wer viel staunt, handelt wenig.

Chidrowo

So viel sag ich dir: wenn die Kaiserin den Orlow heiratet, nehm ich meinen Abschied.

Lassunsky

Nach Sibirien.

Chidrowo

Einem Orlow huldigen? Eher nach Sibirien.

Lassunsky

Was können wir dagegen tun?

Chidrowo

Die Fürstin Chilkow hat geweint, als sie davon erfuhr.

Lassunsky

Die flennt, wenn man einem Huhn den Hals abdreht. Als Rakitin mit ihrem Wissen ihren Mann erschlug, hat sie keine Träne vergossen. (Man hört Waffenlärm von der Straße.) Horch –! (Beide lauschen.)

Chidrowo

(nähert sich dem Erker)

Nein – nichts. (Stellt sich vor Lassunsky; ungestüm.) Michael Jefimowitsch! Wir sollten hingehen und die Kaiserin bitten, es nicht zu tun. Haben wir ihr nicht auf den Thron geholfen? Wir alle? Wir sind bereit, für sie zu sterben, nur das, das eine, das nicht! Sie kann sich unsern Gründen nicht verschließen.

Lassunsky

Sie wird aus deinen Gründen einen Strick für den Henker drehen.

Chidrowo

Herrgott, Michael Jefimowitsch, sie ist doch eine kluge Frau!

Lassunsky

Sie ist verliebt.

Chidrowo

Was ist denn an einem Orlow zu lieben?

Lassunsky

Was wir an ihm hassen.

Chidrowo

Sein Ehrgeiz macht ihn verrückt.

Lassunsky

Er ist schön, und stark wie ein Bär.

Chidrowo

Er hat keine Erziehung.

Lassunsky

Umso weniger ist er gehemmt.

Chidrowo

(leise durch die Zähne)

Ich sage dir: er wird sie ermorden, so wie er den Zaren ermordet hat.

Lassunsky

Dummkopf! Er war nur die Hand. Katharina ist tausendmal schlauer als er. O, das ist ein Weib, mein Lieber, die steckt uns alle in den Sack.

Chidrowo

Wo ist da die Schlauheit? Die Mariage ist projektiert. Es muß ein Mittel gefunden werden, sie davon abzubringen.

Lassunsky

Du bist Soldat und mußt schweigen.

Chidrowo

Schweigen kostet Herzblut.

Lassunsky

Ich meinerseits will nicht Politik treiben, da hast du's.

Chidrowo

Aber die Zähne knirschen? Das ist auch eine Art von Politik und eine schlechte. Wie stumpf du bist!

Lassunsky

Stumpf?

Chidrowo

Oder du weißt mehr als du sagen willst.

Lassunsky

Wohl möglich. Vielleicht wirst du heute noch alles erfahren.

Chidrowo

Wie ist's? warum wollte der Großkanzler mit Rasumowsky verhandeln?

Lassunsky

Ist dir nicht bekannt, daß Alexei Grigorjewitsch heimlich vermählt war mit der verstorbenen Kaiserin Elisabeth Petrowna?

Chidrowo

Dies ist mir wohl bekannt, allein – wie hängt das zusammen?

Lassunsky

(sieht sich um)

Schweig, schweig.

Chidrowo

Im Hause Rasumowskys sind die Wände taub.

Lassunsky

Nicht um die Wände handelt sich's. (Steht auf.) Aber er! Er! Dieser furchtlose Mann! Der furchtloseste, der in Rußland lebt. Wie ich ihn verehre, Fedor Alexandrowitsch! Wüßtest du wie ich ... In wunderbarer Verschwiegenheit ist er der Geliebte einer Kaiserin gewesen. Niemals hat ihn eine Miene, nie ein Lächeln verraten. Nie hat er Schacher getrieben mit seinem Glück. Nie war er ungerecht. Und jetzt (schmerzlich) jetzt soll er sich ausliefern. Weil ein Orlow mit der Vergangenheit dieses gerechten Mannes seine Zukunft gründen will!

Chidrowo

Ausliefern? Ich verstehe dich nicht, Michael Jefimowitsch. Kein Wort verstehe ich von allem was du sagst.

Lassunsky

(kummervoll)

Und er wird Grigorij Orlow empfangen. Er wird ihn einlassen, ich weiß es.

Chidrowo

Du meinst, weil er sich nicht getrauen wird, den ersten Günstling der Krone von seiner Türe zu weisen?

Lassunsky

Nicht deshalb, Fedor Alexandrowitsch, nicht deshalb. Sondern eben, weil er so gerecht ist. Und wenn Orlow vor ihm steht, dieser Sturmwind, dieser Leopard, kannst du ermessen, was dann geschieht? Mich jammert's, Fedor Alexandrowitsch, und ich fühle mich machtlos. Die Dinge geschehen, und wir sind machtlos.

Chidrowo

Du schwaches russisches Herz! So will ich dir sagen: Rasumowsky wird Grigorij Orlow nicht empfangen.

Lassunsky

(aufmerksam)

Schon vorhin hast du angedeutet, daß Orlow es nicht wagen würde ... Da steckt was dahinter.

Chidrowo

Weißt du nicht, was sich am Ostertag auf der Morskaja zugetragen hat?

Lassunsky

Kein Sterbenswort.

Chidrowo

Wahrlich, in unserm Leben sind die Geschehnisse wie Träume ... (Faßt sich an die Stirn.) So kurz die Zeit, so weit

13

entrückt. (Besinnt sich.) So war's ...

Lassunsky

Erzähle, Fedor Alexandrowitsch ... mir ist jetzt selbst als hätten sie in der Wachtstube davon berichtet. Zuviel drängt sich in einen Tag.

Chidrowo

So war's ... (Mit Gesten, als ob er auf einen Plan wiese.) Da ist die Morskaja. Da ist die Gasse von den Kasernen. Da ist eine enge Gasse zum Newski-Prospekt. Orlow hatte die Regimenter Astrachan und Ingermanland zum Gehorsam gezwungen. Mit seinen zwanzig oder dreißig Getreuesten stürmt er zum Winterpalast, um es der Kaiserin zu melden. Rast auf seinem Gaul an der Spitze der Schar mitten durch die Stadt. Die Funken spritzen, das Pflaster dröhnt. So gelangen sie auf die Morskaja. Da spielen zwei Kinder auf der Straße, schöne, blonde Kinderchen, ein Mädchen und ein Knabe, sitzen friedlich da und spielen. Denken offenbar, die Reiter werden ausweichen, denn die Straße ist ja breit, und so staunen sie dem Schauspiel entgegen und freuen sich. Orlow aber sprengt mittenwegs auf sie zu, als könnt er nicht, wollt er nicht aus der Bahn, zu spät rufen Leute aus den Fenstern, strecken die Arme, zu spät erkennen die Kleinen die Gefahr und starren, gütige Unschuld, wie wenn ihr Schutzpatron sie geblendet hätte. Orlow fletscht die Zähne, spornt noch das Roß, starrt gerade vor sich hin, als sähe er nichts, Weiber kreischen, Männer stürzen aus den Häusern ... alles umsonst, die beiden Mäuschen sind unter den Hufen verschwunden, eh' man's denkt, zerrissen, zertreten, und man schaut nur noch blutige Klumpen.

Lassunsky

O Menschheit!

Chidrowo

Im selben Augenblick kommt Alexei Rasumowsky aus der engen Gasse, wohin die Reiter wollen, und vor der sie sich stauen wie Wasser vor einem Wehr. Rasumowsky blickt hin über die Luft, blickt hin auf die blutige Erde und ruft: Graf Orlow! Orlow reißt den Zügel und hält. Die hinter ihm sind, vom tollen Ritt noch, mit ihren Gäulen dicht an ihn gedrängt. Ganz stille wird's auf einmal. Graf Orlow! ruft Alexei Grigorjewitsch und hebt den Arm, die gemordeten Seelchen werden sich um deine Füße klammern, wenn du vor Gottes Thron gehst. Mit nichten wirst du schreiten können, mit nichten.

Lassunsky

Und Orlow? hat er geantwortet?

Chidrowo

Nun geschah das Sonderbare. Orlow zieht den Dolch, beugt sich vor, schließt wie im Krampf die Augen und stößt seinem Pferd von oben her den Stahl mitten in die Brust. Während das Tier zusammenbricht, springt er ab, geht an Rasumowsky vorüber, grüßt ihn schweigend und setzt schweigend und bleich seinen Weg zu Fuß fort.

Lassunsky

Rätselhaft.

Chidrowo

So hat mir's der Hauptmann Woropanow erzählt, der an Orlows Seite ritt.

Lassunsky

Was war der Zweck solcher Tat?

15

Chidrowo

Sicherlich trägt er glühenden Haß gegen Alexei Grigorjewitsch.

Lassunsky

Das dünkt mich unwahrscheinlich.

Chidrowo

Wie ... unwahrscheinlich –?

Lassunsky

Es sieht wie Demut und Buße aus, was er getan.

Chidrowo

Hohn ist's, sag ich dir, Hohn und Bosheit. Seine Blutgier wollte noch ein Opfer haben.

Lassunsky

Warum sollt es nicht Scham und Reue gewesen sein?

Chidrowo

Willst du Orlow verteidigen? Schönfärben den wüsten Mord?

Lassunsky

Fast könnt ich Mitleid haben mit ihm.

Chidrowo

So seid ihr alle, lammsherzig und matt.

Lassunsky

Acht' auf deine Worte.

Chidrowo

Acht' du auf deine Freiheit, auf deine Männlichkeit!

Lassunsky

Stünden wir nicht hier, Fedor Alexandrowitsch –

Chidrowo

(wild)

Hier oder anderswo. Wer gut von Orlow redet, spricht schlecht von mir.

(Graf Alexei Rasumowsky tritt langsam von rechts ein. Er ist mit einem langen, schwarzen Sammetgewand bekleidet und hat eine goldne Kette um den Hals. In der Hand trägt er die Kasansche Bibel. Er erscheint zunächst häßlich mit seinem eingefallenen, alten, mißtrauisch finstern Gesicht, an dem die Backenknochen stark hervortreten und die schneeweißen Brauen wie dicke Wülste hängen, indes der Kinnbart schütter und zottig ist. Aber sein Wesen hat eine bewundernswerte Würde, und wenn er, um zu schauen, die Lider hebt, was nicht häufig geschieht, ist sein Blick strahlend rein und von seltsamer, kindlicher Wehmut. Die beiden Offiziere wenden sich von einander und begrüßen ihn mit schweigender tiefer Verbeugung.)

Rasumowsky

Streit in meinem Hause? (Langes Schweigen.) Was ist geschehen, Rittmeister Chidrowo, daß Ihre Augen so funkeln?

Chidrowo

(finster)

Üble Neuigkeiten, Erlaucht.

Rasumowsky

Nichts Schlimmeres in der Welt als Neuigkeiten. Weshalb sind Sie hier, zu so früher Stunde?

Chidrowo

17

Ich sollte den Großkanzler Woronzow anmelden.

Lassunsky

Graf Woronzow ist auf der Fahrt hierher von Soldaten überfallen worden.

Rasumowsky

Hat Rußland keinen Zaren mehr?

Chidrowo

Es hat eine Zarin.

Rasumowsky

Gott schenke ihr Weisheit. (Kopfschüttelnd.) Woronzow auf dem Weg zu mir ... Was hat das zu bedeuten?

Lassunsky

Die Zarin hat den Kanzler wegen der neuen Mariage zu Euer Erlaucht geschickt.

Rasumowsky

Wegen der neuen Mariage? Bin ich ein Pope?

Lassunsky

Der Kanzler sollte eine geheime Erkundigung einziehen.

Rasumowsky

(läßt sich auf dem Armsessel vor dem Kamin nieder und legt die Bibel auf seinen Schoß)

Das gehört auch zu den Neuigkeiten der Welt, daß mit lauter Geheimnissen regiert wird.

Lassunsky

Die Sache verhält sich so, Erlaucht: Da ganz Petersburg

gegen die projektierte Heirat der Zarin mit Orlow gestimmt ist, so hat man endlich ein Mittel gefunden, um die Geister zu beschwichtigen, man hat auf die Ehe Euer Erlaucht mit der verstorbenen Kaiserin Elisabeth Petrowna hingewiesen.

Rasumowsky

Wie? So weit hätte man sich vermessen? Und wem ist dieser schamlose Gedanke gekommen?

Lassunsky

Offenbar stammt er von den Brüdern Orlow. Was ihr für unmöglich haltet, sagten sie, ist ja schon einmal geschehen, ohne daß die Welt eingestürzt ist. Graf Rasumowsky ist ja da, gehen wir hin zu ihm.

Chidrowo

Die Narren!

Rasumowsky

Und was sagte die Kaiserin dazu?

Lassunsky

Die Kaiserin soll gesagt haben: von dieser Ehe weiß die Welt nichts, aber wenn ihr mir den schriftlichen Beweis erbringt, daß zwischen dem Grafen Rasumowsky und der hochseligen Zarin eine Heirat wirklich stattgefunden hat, will ich mich fügen.

Chidrowo

Das hat die Kaiserin gesagt?

Lassunsky

Doch als die Orlows sich anheischig machten, zu Euer Erlaucht zu gehen, wollte die Kaiserin plötzlich nichts davon wissen. Sie gebot, daß Graf Woronzow den Auftrag übernehmen sollte, vielleicht weil sie den Ungestüm der Brüder Orlow fürchtete, vielleicht, weil sie in Wirklichkeit gar nicht wünscht, was sie zu wünschen scheint. Heut um die achte Stunde befahl der Kanzler seinen Wagen, und vor der Kasan-Kathedrale geschah es dann –

Chidrowo

(am Fenster, mit ausgestreckter Hand)

Da sind Orlows Leute! (Stimmen und Waffenlärm vor dem Haus.)

Rasumowsky

(steht auf)

Und du vermutest, daß der Überfall vom Grafen Orlow angestiftet worden ist? (Schaut gegen den Erker.)

Lassunsky

Ja, Erlaucht.

Rasumowsky

So wäre es augenscheinlich, daß Orlow dem Befehl der Kaiserin zuwidergehandelt hat –? (Man hört heftiges Klopfen am Tor.)

Chidrowo

Sie begehren Einlaß.

Rasumowsky

(erstaunt)

Einlaß begehren sie? Das Tor ist offen. War's denn nicht auch für euch geöffnet?

Lassunsky

(zögernd)

Ich habe die Tore schließen lassen.

Rasumowsky

Die Tore meines Hauses?

Chidrowo

Ich denke, Erlaucht, man kann nicht mehr daran zweifeln, daß Orlow den Kanzler überfallen ließ, um ihn dingfest zu machen.

Rasumowsky

Die Tore meines Hauses? (Lassunsky senkt schweigend den Kopf.) Soll Orlow glauben, daß ich vor ihm zittere?

Chidrowo

Wie, Erlaucht, Sie wollen Orlow empfangen? (Erneutes Pochen von unten.)

Rasumowsky

Geh, Michael Jefimowitsch, und sag, daß das Tor aufgesperrt werde.

Lassunsky

(flehend)

Erlaucht –

Rasumowsky

Klang es doppelzüngig, was ich gesagt?

Lassunsky

(geht schweigend ab –)

Chidrowo

(verschränkt die Arme; vor sich hin)

Verloren, Mütterchen Rußland, verloren ...

Rasumowsky

Eure Großmäuligkeit, was ist sie nutze? Ist euer Nein
Vernunft, euer Ja Überlegung? Ich will sehen. Sehen und
hören will ich, dazu gab mir Gott Augen und Ohren. Und
wenn ich gesehen und gehört habe, dann will ich wägen,
dazu hat mir Gott die Erfahrung eines langen Lebens zuteil
werden lassen.

Lassunsky

(kommt zurück)

Major Nischinski ist es, man hat ihn vorausgesandt, um
Euer Erlaucht den Grafen Orlow zu melden.

Rasumowsky

Ich bin bereit.

Chidrowo

(noch leiser als oben)

Verloren, Mütterchen Rußland, verloren ...

Lassunsky

Ich sagte ihm, daß ich die Meldung übernehmen will.

Rasumowsky

(wie mit sich selber redend)

In ein Antlitz zu schauen, das heißt, Entschlüsse vom
Schicksal selbst empfangen. Läufst du hinauf die steile Bahn,
Orlow, ohne daß dein Herz klopft, so will ich prüfen, was
für ein Ruf dich ereilt, was dich zaudern macht, was dich
feurig macht, was dich grausam macht, was dich weckt.
(Ekstatisch bewegt.) Nicht richten will ich, nur Werkzeug eines
Richters sein und handeln – wie ich muß. (Mit der früheren

22

Michael Jefimowitsch!

Lassunsky

(der das Gesicht abgewandt und die eine Hand über die Augen gelegt hatte)

Erlaucht –?

Rasumowsky

Wie geht es meiner Nichte Sofia?

Lassunsky

Wir erwarten täglich ihre Niederkunft, Erlaucht.

Rasumowsky

Bete für einen Knaben. Gott schenk uns Helden. (Man hört Schritte, Stimmengesurr, Säbelklirren.)

Rodion

(reißt die Türe auf, feierlich)

Der General-Adjutant Kammerherr Graf Orlow.

Orlow

(tritt säbel- und sporenklirrend ein. Er trägt die Uniform der Preobraschenskyschen Leibwachen. Seine Gestalt ist äußerst schlank, sein Gesicht kalt, bleich, hochmütig und etwas verwüstet. Die Züge verraten eine kaum zu bändigende Leidenschaftlichkeit. Er weiß um seine Schönheit, ist eitel darauf und verachtet sie zugleich. Seine Hände sind fein und lang. Er verbeugt sich tief vor Rasumowsky, die beiden Offiziere scheint er zu übersehen.)

Ich komme hoffentlich nicht zu ungelegener Stunde, Graf Alexei?

Chidrowo

(kaum hörbar)

Verloren, Mütterchen Rußland, verloren ...

Rasumowsky

Michael Jefimowitsch, du wirst die Güte haben, drüben im gelben Zimmer zu warten.

Lassunsky

Wir wollen keinesfalls stören.

Rasumowsky

Auch Sie, Fedor Alexandrowitsch, mögen warten, wenn es Ihnen gefällig ist.

Chidrowo

Wenn es erlaubt ist, will ich warten. (Ab mit Lassunsky nach rechts.)

Rasumowsky

Nehmen Sie Platz, Graf Orlow. (Er setzt sich, legt die Bibel aus der Hand.)

Orlow

(setzt sich gleichfalls)

Daß ich nicht mit einer langen Vorrede lästig falle, Erlaucht: Wie Ihnen bekannt sein dürfte, hat sich Ihre Majestät, die Kaiserin, entschlossen zu heiraten.

Rasumowsky

(bedächtig)

Wieder zu heiraten.

Orlow

Zar Peter ist tot.

Rasumowsky

Doch war er gekrönter und gesalbter Zar von Rußland.

Orlow

Ihm folgte von Gottes Gnaden Katharina.

Rasumowsky

Ich unterwerfe mich demütig ihrem mächtigen Willen.

Orlow

Ihre erhabene Majestät hat ihr Herz an einen Unwürdigen verschenkt, den sie aus dem Staub zu sich auf den Thron erheben will. Dieser Unwürdige befindet sich vor Ihnen, Erlaucht.

Rasumowsky

Und schaudert Ihnen nicht vor solcher Erhebung, Graf Orlow? Daß Sie mit Worten der Bescheidenheit davon sprechen, steht Ihnen wohl an. Ich hatte es nicht erwartet.

Orlow

Daß ich endlich einen Mann finde, dem ich mein volles und bedrücktes Gemüt eröffnen kann! (Emphatisch.) Warum hat uns das Geschick nicht früher einander näher kommen lassen!

Rasumowsky

Mein Los ist Einsamkeit seit langem, Graf Orlow. Fast kenne ich die Welt nicht mehr, und fremd ist mir geworden, was sich außerhalb dieser Schwelle begibt.

Orlow

So dacht ich mir's, Erlaucht, und nur mit frommen Empfindungen bin ich genaht.

Rasumowsky

Unheilig war stets, was mir von draußen kam, das ist wahr.
Doch liebe ich die Jugend, wenn schon vieles mir
unbegreiflich an ihr ist.

Orlow

(geschmeidig und beredt)

Wie Sie leicht ermessen können, Erlaucht, begegnet die edle
Absicht der Kaiserin dem Widerstand aller Großen des
Reichs. Man beneidet mich, man legt mir Fallstricke, man
zettelt Verschwörungen an, ja man schreckt nicht vor
offenbaren Beleidigungen zurück, denen mein Gleichmut
unmöglich gewachsen ist.

Rasumowsky

Ja, ja, ja. Es ist geblieben, wie es immer war.

Orlow

Ich habe mich beherrschen gelernt, Erlaucht. Mein Vater hat
mich in Demut und Gehorsam erzogen. Niemals, in meinen
verwegensten Träumen nicht, konnte ich ahnen, daß der
Blick meiner gnädigen Herrscherin auf mich fallen würde.
Wer kann es mir verargen, Erlaucht, daß mein ganzes Blut
sich in Hingebung für diese Frau entflammte, daß ich bereit
bin, meine Seligkeit für sie zu opfern, daß mir nichts
mühevoll, nichts unerreichbar mehr erscheint, seitdem sie
mich erwählt hat?

Rasumowsky

Wohl kann ich dies verstehen, Graf Orlow.

Orlow

(schwärmerisch)

O, ich wußte es, Erlaucht, ich wußte es. Dank, allen Dank

meines armen Herzens.

Rasumowsky

Ein Herz wie das Ihre ist nicht arm, Graf Orlow.

Orlow

Doch scheint mir's so in Ihrer Nähe. Aber hören Sie weiter, Erlaucht. Vor wenigen Tagen wurde die Zarin, deren Geist in quälender Unschlüssigkeit irgend einen Weg suchte, von einem ruchlosen Ratgeber auf Ihre Ehe –

Rasumowsky

(unterbricht hastig)

Ich weiß, ich weiß ...

Orlow

Sie wissen, Erlaucht? Ich atme auf. Dies mindert die Schwierigkeit meiner Sendung.

Rasumowsky

Ich bin erstaunt, daß Ihre Majestät ein solches Mittel nötig zu haben glaubt. Jede Handlung ist gerechtfertigt, die sie gutheißt.

Orlow

Ganz meine Meinung, Erlaucht. Aber Katharina ist gewissenhaft und dankbar, zwei Eigenschaften, die den Fürsten das Regieren erschweren.

Rasumowsky

Und Ihre Mission ist also –

Orlow

Der Plan war, den Großkanzler zu schicken –

Rasumowsky

(nickt)

Auch dies ist mir bekannt.

Orlow

Ich wollte es um jeden Preis verhindern, selbst auf die Gefahr, ungehorsam gegen meine Wohltäterin zu sein. Der Kanzler Woronzow ist ein vortrefflicher Diener, aber er ist nur ein Diener. Seine Rauheit, sein mürrisches Wesen, seine Unfähigkeit, zarte Dinge zart zu packen, hätte Sie unbedingt verletzt, Graf Alexei. Ich begriff das Ungeheuerliche des Auftrags wie die Delikatesse, mit der er behandelt werden mußte, vom ersten Augenblick an. Ich habe tief mit Ihnen gefühlt, Erlaucht, ich fürchtete die Dazwischenkunft des Kanzlers, und – ich habe ihn gefangen setzen lassen.

Rasumowsky

Was Sie getan haben, ist höchst tadelnswert, Graf Orlow, doch kann ich dem Edelmut, der Sie antrieb, meine Bewunderung und meinen Dank nicht versagen.

Orlow

Und so bin ich gekommen – (zaudert.)

Rasumowsky

Gekommen –?

Orlow

(leise, als schäme er sich)

Sie um die Dokumente Ihrer Ehe mit der Zarin Elisabeth Petrowna zu bitten.

Rasumowsky

Mein Erstaunen wächst, Graf Orlow. Wie kann man mit einer Tatsache rechnen, mit der die Öffentlichkeit niemals behelligt worden ist, die niemals zugegeben worden ist und die daher niemals Gegenstand weder einer politischen, noch einer privaten Aktion werden kann?

Orlow

Ich ehre diese Entrüstung, Erlaucht, und finde sie gerecht. Aber es gibt Dinge, die so lange verschwiegen werden bis jedes Kind um sie weiß.

Rasumowsky

Wahrlich, was Sie da sagen, betrübt mich aufs äußerste, Graf Orlow. Mir ist, als sei ich bestohlen worden. Mir ist, als hätte man meine Brust durchwühlt, um ihr das Teuerste zu rauben, und als riefe man mir zu: du bewahrst es umsonst, denn die Hunde beschnüffeln es schon wie ein Aas.

Orlow

Schwer wird es mir, Ihnen zu widersprechen, Erlaucht.

Rasumowsky

Und wenn ich nun antworten würde: eine Ehe zwischen mir und der hochseligen Herrin Elisabeth Petrowna hat niemals stattgefunden?

Orlow

(beißt sich auf die Lippen; dann gleißnerisch)

So würde ich Ihre Beweggründe zu erforschen suchen.

Rasumowsky

Wenn ich Ihnen versichern würde, daß ich keine Dokumente besitze –? Wie, Graf Orlow?

Orlow

(düster)

Sie würden damit mein Leben zerstören, Erlaucht.

Rasumowsky

Und wenn ich den Besitz der Dokumente zugebe, warum soll ich sie ausliefern? Was könnte mich veranlassen, ein Jahr um Jahr, Jahrzehnt um Jahrzehnt gehaltenes Übereinkommen schmählich zu verletzen? Nur weil ein Jüngling, den die Jugend begehrlich und begehrenswert macht, in meinen Frieden tritt und die Hand ausstreckt nach meinem Gut?

Orlow

Es ist nichts in Ihren Worten, Alexei Grigorjewitsch, was ich mir nicht auch selbst schon ins Gewissen gerufen hätte. Doch erwägen Sie, Erlaucht: mein Glück ist auch das Glück der Kaiserin.

Rasumowsky

Ich werfe mich in den Staub vor Ihrer Majestät, aber sie hat keine Macht über die Geheimnisse meiner Seele.

Orlow

So flehe ich, Erlaucht, um Ihr Vertrauen ...

Rasumowsky

Mein Vertrauen zu den Menschen ist so gering, Graf Orlow, daß jeder Appell daran verschwendet ist. Ich habe zu viele Worte gehört und zu viele Taten gesehen. Ich bin meiner selbst kaum gewiß, um wie viel weniger eines andern. Ein Ozean von Geschwätz ertränkt die edelste Handlung, und die niedrigste versteckt sich nicht mehr, wenn ihr ein Vorteil winkt.

Orlow

Bedenken Sie, Alexei Grigorjewitsch, ein Mann, für den so Ungeheueres sich entscheiden soll, muß ein Verworfener werden, wenn es mißlingt.

Rasumowsky

Also ist es nur der Erfolg, der tugendhaft macht?

Orlow

Ein Held jedoch, wenn er ans Ziel gelangt.

Rasumowsky

Ein Held? Könnt ich dies glauben, Graf Orlow, dann! ja dann! Aber ich kann es nicht glauben. (Feierlich.) Zwei unschuldig Zertretene wehren mir's.

Orlow

Viel Blut liegt auf dem Weg der Helden, Erlaucht.

Rasumowsky

Blut von Kindern?

Orlow

Macht löscht den Makel aus.

Rasumowsky

(betroffen)

Furchtbares Wort!

Orlow

(erkennt seinen Fehler, einlenkend)

Als ich heranritt, Erlaucht, ich war betrunken von Freude; ich hatte die unheilvollste Meuterei erstickt, Rebellen hatte ich meiner Gebieterin in Anhänger auf Tod und Leben verwandelt, die Wirklichkeit zerrann mir vor den Augen, ich sah kein Hindernis mehr ... und als es geschehen war, hab ich nicht Buße getan vor allem Volk?

Rasumowsky

Doch haben Sie dem Volk eine unheilbare Wunde geschlagen.

Orlow

(mit dem letzten Aufwand seiner gleißnerischen Beredtsamkeit)

Als ich zwölf Jahre alt war, Erlaucht, trieb mich mein Vater mit der Peitsche vom Hof, weil ich für einen Leibeigenen, der die Todesstrafe erleiden sollte, um Gnade gebeten hatte. Ich liebe unser Volk. Ich weiß, wie sie leben, wie sie schmachten, wie sie Unrecht leiden, wie sie stumm sind, wie sie ihre Hoffnung unermüdlich von Jahr zu Jahr tragen, wie sie in ihrer Not die Herren preisen, die mit den Früchten ihrer Arbeit Feste feiern, und wie sie auf den warten, der sie erlösen wird. Ich weiß es und will ihrer nicht vergessen.

Rasumowsky

Ist mir doch, als ob ich Glocken hörte aus einem versunkenen Land, Graf Orlow. (Er steht versunken, von Orlow gespannt beobachtet; wie zu sich selbst) Ist es Rausch? oder Wahn? oder blinde Sucht der Jugend? Leidenschaft macht beredt den, der sie hegt, und stumm den, der sie begreift. (Laut) Sie führen eine ungewöhnliche Sprache, Graf Orlow, die mich irre werden läßt an meinem Vorsatz.

Orlow

Ich danke Ihnen, Erlaucht.

Rasumowsky

(geht zur Wand, wo er neben dem Kamin auf eine geheime Feder in der Täfelung drückt. Ein Türchen springt auf. Er entnimmt dem Schrein eine goldene Kassette, die er öffnet und einige in roten Atlas eingeschlagene vergilbte Papiere herauszieht)

Sieh da, wie viel Staub darauf liegt ... (Er stellt das Kästchen beiseite) Staub ... Staub. Pulver der Vergessenheit. Überreste von Träumen. (Er legt den Atlas in das Kästchen zurück und liest das oberste Papier aufmerksam durch.)

Orlow

(der sich am Ziel glaubt)

Väterchen Alexei Grigorjewitsch! (Er sinkt auf die Kniee.)

Rasumowsky

(ergriffen und ganz in die Vergangenheit verloren)

Frühling und Sommer meines Lebens! (Er küßt die Papiere und erhebt, sich bekreuzigend, die Blicke nach oben.)

Orlow

(packt in seiner Erregung mit beiden Händen die Papiere)

Geben Sie, Alexei Grigorjewitsch –!

Rasumowsky

(erschrocken)

Was für ein Ungestüm, Graf Orlow!

Orlow

(fast mit Wildheit, drohend)

Ich kniee vor Ihnen, Alexei Grigorjewitsch!

Rasumowsky

(beugt sich ein wenig vor und starrt in Orlows Gesicht)

Die Augen ... die Augen ...

Orlow

(springt empor)

Wollen Sie mich auf die Folter spannen, Graf Alexei? Ich ertrag's nicht länger.

Rasumowsky

(kopfschüttelnd)

Ei, es ist eine ganz andere Stimme, die jetzt zu mir spricht.

Orlow

Genug gesäuselt.

Rasumowsky

Also nur Verstellung? Und so schlecht verstellt? So schnell überdrüssig der Verstellung?

Orlow

Wollen Sie mir den Köder nur vorsetzen, um mich zappeln zu lassen?

Rasumowsky

Ach, Sie zeigen zu früh Ihr wahres Gesicht, Graf Orlow.

Orlow

Ich habe viele Gesichter, warum soll dies gerade mein wahres sein. Wozu das Getändel? Zu Großes liegt vor mir. (Er zeigt seine weißen Zähne, während sich die Worte stürmisch ergießen.) Von unten heraufgestiegen, wo die Sklaven wohnen, begrüßt mich endlich das Licht, und Welt und Kreatur schreit: Herr! Herr! Gnade! Gnade! Ja, Herr will ich sein und Gnade soll von mir träufeln für alle, die sich bücken. Wollust, zu befehlen, und mit einem Atemzug die Mächtigsten zum Schweigen bringen! Alles unter mir sehen, was jetzt noch verführerisch lockt, aus der Enge heraus, wo man horchen muß, ehe man spricht, und rechnen, bevor man zahlt. Ohne Bedachtsamkeit leben, planen ohne Angst und Maß! Unten gehört alles auch dem Nachbarn, was mir gehört, oben bin ich allein und fürchte keine Grenze. Keine Grenze fürchten, das ist's. Mit seinem Willen allein sein, frei mit jeder Tat und doch der Richtpunkt aller Aufmerksamen. Ein Reich übersehen, den Arm von Ozean zu Ozean strecken, die Willfährigen mit Provinzen lohnen, die Unzufriedenen hinschmettern, – und eine Kaiserin umschlingen, eine Kaiserin, in den Mienen einer Kaiserin Unterwerfung lesen, – das ist mein Spiel, Alexei Grigorjewitsch! Die Würfel liegen zwischen uns. Werfen Sie jetzt und zählen wir die Augen.

Rasumowsky

(kalt)

So spricht ein Spieler. Im Würfelspiel mögen Sie gewinnen, Graf Orlow, im Schicksalsspiel nicht.

Orlow

Auch das Schicksal kann man zwingen, alter Mann.

Rasumowsky

Wie den Teufel in der eigenen Brust.

Orlow

Wer würde anders handeln an meiner Stelle? Nur wenn ich zaudere, verliere ich.

Rasumowsky

Und Gott soll mit bei diesem ... Spiele sein?

Orlow

Gott ist auf meiner Seite, weil ich will. Ich fühle die

Bestimmung.

Rasumowsky

Über Blutbestimmung und Gottes Wahl läßt sich nicht rechten.

Orlow

Lügendunst! Zar Peter war ein Narr, ein Verräter, Affe des Preußenkönigs, ein Schwächling. Herrliche Bestimmung!

Rasumowsky

Besser ein Schwächling als ein gewissenloser Emporkömmling.

Orlow
(hochmütig)

Die Brücke zwischen uns fängt an zu krachen, Erlaucht.

Rasumowsky

So mag sie bersten.

Orlow

Ich habe keine Zeit mehr zu verlieren.

Rasumowsky

Doch die Zeit wird Sie auffressen.

Orlow

Jetzt, da Sie mich überzeugt haben, daß Sie die Dokumente besitzen und sie in Ihrer Hand halten, kann ich Sie zwingen, Alexei Grigorjewitsch.

Rasumowsky

Sie wollen damit sagen, daß Ihre Helfershelfer mein Haus umstellt halten?

Orlow

Leute, die mir blindlings ergeben sind, ja.

Rasumowsky

Und wozu ich mich freiwillig nicht mehr entschließen würde, das glauben Sie mit Gewalt durchsetzen zu können. Mit eigener Faust oder mit dem Beistand fremder Fäuste.

Orlow

Wenn Sie mich zu dieser Notwendigkeit drängen, – ja. Ich kann nicht zurück. Ich kann nur vorwärts.

Rasumowsky

Bis zum Abgrund. – Sie vergessen nur eines, Graf Orlow. Sobald Ihre Leute diese Schwelle übertreten, oder sobald Sie selbst, von dieser Sekunde ab, eine Bewegung machen, die auf Gewalttat zielt, fallen die Dokumente hier in das Feuer. Sie sehen, es brennt loh genug, um ein paar Papiere rasch verzehren zu können. (Pause. Beide blicken einander schweigend ins Gesicht.)

Orlow

(mit verschränkten Armen)

So also steht es.

Rasumowsky

Ja.

Orlow

(langsam und mit Nachdruck)

Eines noch, Alexei Grigorjewitsch: ich könnte Sie belohnen,

wie nie ein Sterblicher belohnt worden ist.

Rasumowsky

Lohn? Für mich? Welchen Lohn? Reichtum? Paläste? Titel und Würden? Für mich?

Orlow

(wie oben)

Wenn auch nicht für Sie, Erlaucht, so doch für einen Knaben ...

Rasumowsky

Einen Knaben –?

Orlow

Für Iwan, den Sohn Rasumowskys und der Kaiserin Elisabeth.

Rasumowsky

(schwankt einen Augenblick, hält sich am Rand des Sessels, sinkt dann darauf nieder).

Orlow

Der Pope Maximow hat mich zu ihm geführt.

Rasumowsky

Möge Gott ihm verzeihen. Es gibt keine Treue mehr.

Orlow

Fürchten Sie nichts mehr von der verräterischen Geschwätzigkeit dieses Priesters, Erlaucht. Ich habe dafür gesorgt, daß seine Zunge keinen Schaden mehr stiftet. Sie und ich, wir sind die beiden einzigen Menschen auf Erden, die um Iwan wissen ...

Rasumowsky

(dumpf)

Einer zu viel, Graf Orlow.

Orlow

Ich habe den Knaben gesehn. Es war eine weite Fahrt auf das Gut Domnina im Epifanskischen Kreis. Ein schöner, blonder Knabe. Welche Einsamkeit für einen Vierzehnjährigen. Wie durstig er in die Ferne blickte! Er wußte nichts von Vater und Mutter, die Leute, bei denen er ist, halten ihn für den Sohn von Euer Erlaucht verstorbenem Bruder. Er ahnt nicht, welche Versprechungen das Leben ihm schenken könnte, und wer nur sein Gesicht sieht (deutet auf das Bild der Kaiserin Elisabeth), braucht keinen andern Beweis seiner Abkunft. Grausam schien es mir, die junge Blüte in der Steppenwüste verkommen zu lassen. Ich habe ihn über seine Geburt aufgeklärt.

Rasumowsky

(springt auf)

Das haben Sie getan?

Orlow

Ich habe es getan.

Rasumowsky

(sinkt wieder auf den Sessel, umklammert krampfhaft die Dokumente vor der Brust.)

Großer Himmel! Sie hatten kein Mitleid mit dem arglos spielenden Geschöpf? Frevlerisch das Gift des Ehrgeizes und der ungenügenden Begierde in die junge Brust versenkt! Fruchtlose Erwartungen geweckt, die ein gläubiges Gemüt zerfleischen müssen! So war meine Entbehrung vergeblich, vergeblich, daß ich mein Herz von ihm entwöhnt habe, vergeblich das Opfer, vergeblich der Gram der Mutter, alles vergeblich!

Orlow

(mit leisem Spott)

Ist es nicht besser, wenn der Wissende sich bescheidet, als wenn der Getäuschte verkommt?

Rasumowsky

(die Worte tief aus seiner Brust ringend)

Zweiunddreißig Jahre, Graf Orlow, war ich mit Elisabeth Petrowna verbunden. Sie war eine musterhafte Christin und eine zärtliche Mutter Millionen Volks. Auch mich liebte sie, doch schien es mir so überflüssig wie sündhaft, meinen Ehrgeiz über das Maß dessen zu erheben, was sie mir als Weib gewähren konnte. Niemals in zweiunddreißig Jahren ist die Versuchung über mich gekommen, den geheiligten Glanz der Majestät für mich zu erborgen. Sie war auserwählt zu herrschen. Von den Ahnen her war ihr die Gnade verliehen. Woran soll das Volk glauben, diese Zahllosen, von denen wir keine Namen wissen und die nur aufblicken in ihrer Verlassenheit, um nach dem gottbestimmten Führer zu suchen, woran sollen sie denn glauben, wenn nicht an das Mysterium, das um eine Krone webt? Das ist ja ihr Märchen, die Botschaft, das Gesetz! Gesalbtes Haupt weiht das Diadem, königliches Blut rauscht vom Vater zum Sohn, vom Gatten zur Gattin, von Geschlecht zu Geschlecht. Raubt ihnen diesen Glauben, und ihr stürzt sie in Gemeinheit und Verzweiflung, die Welt steht da, ohne Ordnung, ohne Herrn. (Er erhebt sich, bewegt.) Wenn es ein Verdienst in meinem Leben gibt, Graf Orlow, so ist es das eine, daß ich die Kaiserin zu überzeugen vermochte, unsere Ehe, für die sie den Segen der Kirche gewünscht hatte, müsse ein Geheimnis für das Volk bleiben. Und so wurde Iwan fern vom Hof und fern von den Menschen erzogen, denn es ziemt sich nicht für den Halbgebürtigen, von einem Thron auch nur zu träumen.

Orlow

Phantome, Erlaucht, Phantome! Die Zeit hat sich verändert. Es handelt sich nicht um die Gnade, es handelt sich um die Kraft.

Rasumowsky

Ich bin kein Starrkopf, Graf Orlow, nicht einer, der denkfaul an Vergangenem hängt. Ich kenne die Zeit. Vieles tragen die Eimer des Jahres herauf aus dem dunklen Schacht, und wer wirklich lebt, wandelt sich mit jedem Becher, den er an die Lippen führt. Das Blut wird auch in alten Körpern neu. War ich nicht bereit, Graf Orlow? Ich war bereit, mehr kann ich nicht sagen. Aber ich bin gewohnt, in Menschenaugen zu lesen, und mehr noch auf den Stirnen, Graf, auf den Stirnen. Sie sind so unbehütet, die Stirnen; man kann sie eine Walstatt der Dämonen nennen. (Den Arm mit ausgestrecktem Finger gegen Orlow, stark.) Ich sehe Schicksale auf dieser Stirn, die ungeboren bleiben sollten.

Orlow

Alexei Grigorjewitsch! Nicht auf meiner Stirn, – in Ihrer Hand liegt jetzt ein Schicksal. Iwan ist in meiner Gewalt.

Rasumowsky

(scheu)

Iwan ... ist ...

Orlow

In meiner Gewalt und nur mir erreichbar.

Rasumowsky

(mit weiten Augen)

Sie wollen damit sagen: um Iwan ist's geschehen, wenn ich mich weigere ...

Orlow

Vielleicht ist es das, was ich sagen will.

Rasumowsky

(nähert sich Orlow mit gebeugtem Oberkörper und mit der Unterwürfigkeit eines Bauern, hält ihm mit beiden Händen die Dokumente hin)

Nehmen Sie, Graf Orlow ...

Orlow

(etwas überrascht von dem schnellen Erfolg, greift nach den Papieren).

Rasumowsky

(demütig)

Nicht weil ich für Iwan fürchte, Graf Orlow ... nicht weil ich mir sein Leben erkaufen will, ... nicht deshalb, Graf Orlow, nicht deshalb ...

Orlow

(hält die Papiere fest, mit finsterem Trotz)

Es wäre auch zu spät, Alexei Grigorjewitsch, Sie retten Iwan damit nicht. Er war zu gefährlich, als er seine Abstammung kannte. Er weilt nicht mehr unter den Lebenden.

Rasumowsky

(schmerzvoll)

Gott, dein Wille geschehe! Ich habe es geahnt!

Orlow

Und Sie geben mir trotzdem diese Papiere –?

Rasumowsky

(mit der Hoheit des Grames)

Ja, Graf Orlow! Ein Mann, der zu solchen Mitteln greift, den muß die eigene Tat vernichten. Und wenn es die Krone selbst wäre, sie hätte kein Gewicht mehr, wenn Sie sie halten. Nichts ... ein Schemen, ein Scheinbild. Nichts. Zeigen Sie die Dokumente der Kaiserin.

Orlow

(brütend)

Darum also ... Es ist zu viel ... (als wöge er die Papiere) es scheint mir zu viel Erniedrigung für das gewährte Almosen. Bin ich denn ein Bettler? Soll es einen Menschen geben, der mich so einschätzen darf? (Aufflammend.) Nein, nein, nein! Die Schmähung greift ans Herz. Wenn ich diesem erbettelten, erschlichenen Wisch alles verdanken müßte, was mir das Leben gewähren soll, es fräße mir das Mark der Tat aus den Knochen. Ein Orlow, der alles Heil auf den Inhalt einiger vergilbter Papiere gründet? Bin ich verloren ohne diese Fetzen, so wie ich jetzt besudelt bin, wenn ich sie als billige Trophäe vor die Augen Katharinas bringe? Nein, Alexei Grigorjewitsch, nein! Die Genugtuung, daß es von Ihrer Gnade abhängig war, Rußland einen Zaren zu geben, kann ich Ihnen nicht überlassen. Jede Gegenwart wäre mir vergällt, und um Ihnen den Beweis zu liefern, daß ich diese Gnade verschmähe, daß ich sie verachte, nur darum tu' ich, was ich tue! (Er eilt zum Kamin und wirft die Dokumente ins Feuer.)

Rasumowsky

(mit seltsam entzückter, schreiender Stimme, die zugleich etwas wie
physischen Schmerz enthält)

Ein Gottesurteil! Ein Gottesurteil!

(Durch Rasumowskys Schrei alarmiert, kommen Lassunsky und Chidrowo mit bestürzten Mienen.)

Lassunsky

(bleibt unter der aufgerissenen Türe stehen, hastig)

Was ist geschehen, Erlaucht?

Chidrowo

(tritt vor, zieht den Degen)

Wir werden Sie schützen, Erlaucht.

Rasumowsky

(ohne sie zu beachten)

So hat eine höhere Macht Ihren Arm gelenkt, Graf Orlow, und Sie haben nur den Beweis geliefert, daß es keinen Weg gibt aus Ihrer Menschentiefe zum Licht der Majestät. (Er bückt sich, als ob er bete.)

Lassunsky

(drängend)

Erlaucht ... die Blässe Ihres Gesichts ... Sie sind krank ...

Rasumowsky

(immer gebückt)

Ehrfurcht! Der Engel des Schicksals schwebt über uns!

Orlow

(reißt sich vom Anblick des Feuers los)

Verbrannt ... (Unheilvoll.) Und nun sei auch verbrannt alle Milde, vergessen alles Zögern feiger Rücksicht und wer mich aufhält, meinen Schritt oder den Schritt meines Pferdes, der möge zittern!

Rasumowsky

Verwirkt! Verwirkt! Wir wollen zittern, aber der Spruch ist gefallen.

Chidrowo

(fast jubelnd)

Gerettet, Mütterchen Rußland, gerettet!

Orlow

(im Abgehen)

Hütet euch!

Rasumowsky

(richtet sich wieder empor)

Ich bin in meiner Hut, denn ich fürchte die Menschen nicht mehr.

(Vorhang)

Gentz und Fanny Elßler

Personen:

Friedrich von Gentz, Hofrat

Felix Graf Reitzenstein

Fanny Elßler

Jean

Martin } Diener bei Gentz

Franz

Lieferanten, Geldleute usw.

Spielt in Wien, Herbst 1830

Ein Zimmer der Villa Gentz in Weinhaus bei Wien. Kostbare Empiremöbel, Nippsachen, Kunstwerke, geblümte Tapeten. Auf einer Kommode stehen zwei Glasglocken mit eingemachten Früchten zum Naschen. Vom Kamin leuchtet eine goldene Stehuhr. Im Hintergrund zwei Fenster, zwischen ihnen eine hohe Glastüre in den Garten. Links Türe zum Vorzimmer, rechts in das Ankleidezimmer des Hofrats; diese Tür ist offen.

Hinter der Türe links wird lebhaft gesprochen. Gleich darauf Jean, livrierter Diener, von links durch das Zimmer nach rechts ab. Die Türe links wird geöffnet, und ein dicker Jude will herein, Martin, ein zweiter livrierter Diener, der im Zimmer damit beschäftigt ist, frisches Wasser in blumengefüllte Vasen zu gießen, eilt hin und schlägt dem Eindringling die Tür vor der Nase zu. Protestierende Rufe von draußen. Martin steht Wache.

Gentzens Stimme

(von rechts)

Was erfrecht Er sich? Ich zahle nicht. Übermorgen. Die Schufte sollen Geduld haben.

Jean

(eilig wieder von rechts nach links ab).

Gentzens Stimme

Die geblümte Weste! Die geblümte!

Lebhafte Stimmen

(hinter der Türe links).

Jean

(kommt abermals mit verzweifelter Miene nach rechts).

Martin

(hält die Türklinke).

Stimme Jeans

Der Weinlieferant und der Parfümeur wollen partout mit dem Herrn Hofrat selber sprechen.

Gentzens Stimme

Ach was, Er Esel, Er hat ja gar keine Schneid. – Die Ringe, Franz. Jetzt lauf Er zum Gärtner wegen frischer Blumen.

Franz

(ein alter Diener, durch die Mitte ab in den Garten.)

(Gleich darauf)

Gentz

(Mann von fünfundsechzig Jahren. Hohe schlanke Gestalt. Er hat einen müden, etwas gebückten Gang. Sein Gesicht ist höchst geistreich, die ganze Physiognomie hat einen feinen, lebhaften und verführerischen Ausdruck, und der Blick ist von intensiver Kraft. Kinn und Unterkiefer sind etwas schwer, um den Feinschmeckermund liegt bisweilen ein trauriger, bisweilen ein zynischer Zug. Er ist nach der letzten Mode gekleidet: brauner, langer Rock, gestickte Weste, Vatermörder, schwarze Binde)

War schon jemand vom Fürsten Metternich da?

Martin

Niemand, Herr Hofrat.

Gentz

(nach links ab, die Türe bleibt halb offen).

Stimmen der Lieferanten

Küß die Hand, Herr Hofrat! – Wünsch guten Morgen, Herr Hofrat! – Küß die Hand, Euer Gnaden.

Gentzens Stimme

Also, was soll's – Was belästigt ihr mich?

Stimme des Parfümeurs

Halten zu Gnaden, Herr Hofrat, hab für siebenundachtzig Gulden Kölnisch Wasser geliefert.

Stimme des Weinhändlers

Ich für dreihundertzwanzig Gulden Sekt.

Gentzens Stimme

Geduld, ihr Leute. Morgen schick ich zum Rothschild hin. Der Rothschild zahlt alles, das wißt ihr doch. Jetzt schert euch friedlich nach Hause. (Er tritt ins Zimmer zurück, der dicke Jude folgt ihm.)

Jude

Euer Exzellenz, der Wechsel ist schon emal prolongiert.

Gentz

Fort, fort, fort!

Der Schneider

(hat sich schüchtern nachgedrängt)

Ich freu mich, daß der Herr Hofrat so gut ausschaut.

Gentz

Keine Konfidenzen! Ich hab' gern, wenn Lieferanten was liefern. Konfidenzen sind mir verhaßt. – Hat der Gärtner schon was wegen der Rosen gemeldet?

Martin

Nein, Herr Hofrat.

Gentz

Ich will mal selber mit ihm reden. Wenn er frische Rosen hat, ist es besser, sie erst am Stock zu sehen. (Durch die Mitte ab.)

Der Schneider

Herr Hofrat! –

Jean

Na, was gibt's denn noch? Er hat doch gehört, daß wir heut nicht bei Kassa sind.

Der Schneider

Morgen ist die Trauung von meiner Tochter, und wenn mir halt der Herr Hofrat zwanzig Gulden geben tät ...

Jean

Laßt eure Töchter im ledigen Stand, wenn ihr kein Geld

habt's.

Martin

(verächtlich)

Heiraten! Alle gemeinen Leute heiraten beständig.

Jean

Und jetzt allons! marsch! (Nimmt den Besen.) Hinaus! Es wird gelüftet.

Der Jude

Was wird sein? Wer ich den Wechsel zu Protest bringen. (Ab, desgleichen der Schneider, die Stimmen draußen verlieren sich.)

Martin

Was macht er denn heut für an Kramuri, der Hofrat?

Jean

Die Fanny war doch drei Tag am Land bei ihrer Schwester.

Martin

Ah so. Froher Empfang nach schmerzlicher Trennung.

Jean

Zu Mittag kommt s' mit der Extrapost, die Fanny.

Martin

Fahr'n jetzt die vom Theater auch schon mit der Extrapost?

Jean

Die Fanny is was man eine bessere Tänzerin heißt. Hast es schon tanzen seh'n am Kärntnertor? Die Leut' soll'n sich die Haxen abtreten hab'n.

Martin

(düster)

Der Hofrat g'fallt mir gar nicht mit seiner Verliebtheit. Das is ja schon ganz außer der Normalität. Wenn's nur keine Mesallianz gibt.

Gentz

(vom Garten, zwei Burschen folgen ihm, die einen kupfernen, mit Rosen gefüllten Kessel tragen.)

Dorthin, ins Eck, ... auf die Säule.

Franz

(von links)

Herr Graf Reitzenstein. (Ab, auch Jean und Martin, die Gärtnerburschen durch die Mitte ab.)

Gentz

(zur Tür)

Guten Morgen, lieber Felix. Ein schöner Herbsttag heute, warm wie im August.

Graf Reitzenstein

(fünfundzwanzig Jahre, elegante Erscheinung; er ist ein wenig Poet, und in seinen Zügen drückt sich die Schwärmerei eines vornehmen Müßiggängers aus, dessen Lieblingsautor Lord Byron ist)

Guten Morgen, Gentz. Wissen Sie, daß Fanny schon aus der Brühl zurück ist.

Gentz

Wie, schon zurück?

Graf Reitzenstein

Ich habe sie vor einer halben Stunde mit Stuhlmüller beim

51

Theatereingang gesehen.

Gentz

Haben Sie mit ihr gesprochen?

Graf Reitzenstein

Nein, sie hat mich gar nicht bemerkt.

Gentz

Dann wird sie jeden Moment kommen. Stuhlmüller? Stuhlmüller? Wer ist das doch? Richtig, der Tänzer.

Graf Reitzenstein

Ein exzellenter Tänzer. Er geht jetzt nach Berlin.

Gentz

Ah, nach Berlin. – Ich erinnere mich: ein hübscher Bursche.

Graf Reitzenstein

Ja. Beine wie ein Narziß.

Gentz

Wie sah meine Fanny aus?

Graf Reitzenstein

Entzückend wie immer. Wenn man sie anblickt, hat man das Gefühl, als sei man zu schlecht für die Welt, in der sie lebt.

Gentz

Sie waren ja am vorigen Sonntag mit ihr bei der Gräfin Fuchs? Ich konnte nicht hingehen, da mich der Fürst zu einem Conseil berufen hatte.

Graf Reitzenstein

Und am Abend zuvor fehlten Sie ja auch im Theater,
Gentz –

Gentz

Die leidige Politik!

Graf Reitzenstein

Es war ein Triumph. Die Galerien haben geheult, das Parkett
hat sich die Handschuhe zerrissen. Sogar in der kaiserlichen
Loge sah man leuchtende Augen, und zwei Hofdamen, die
vor lauter Gewöhnung an Feierlichkeit alles Fett an ihrem
Leibe verloren hatten, wackelten mit ihren Köpfen, als ob
das Theater eine Glocke und sie die Schwengel darin wären.

Gentz

(lacht)

Ja, diese Zauberin gleicht alle Gegensätze der sozialen Welt
aus, und gekrönte Häupter werden – Publikum.

Graf Reitzenstein

Als sie auftrat, ging ein glückliches Seufzen durch das Haus.
Da stieg die ganze Venus aus dem Meer. Dieser Nacken, diese
Schultern, dieser Hals, die Bewegung, die anmutvolle
Hingabe, dies Sichverlieren in süßester Heiterkeit! Ich sah
Männer zittern und Frauen bleich werden. Jede Miene will
ihre angeborne Trägheit vergessen, doch ihr selbst nahen
keine Wünsche, nur Vergötterung umfängt sie. Ahnungslos
und unergriffen wandelt sie durch die gesammelte
Bewunderung hindurch, wie wenn ihr der Traum der
letzten Nacht als Schleier um die Seele gehüllt wäre, – und
lächelt.

Gentz

Sie haben recht, Felix. Ihr Lächeln ist das Wunderbarste. Es scheint aus einer tiefen Quelle aufzusteigen, wo die Genien wohnen, die den Menschen wohlwollen. Keine Heiterkeit deutet so viel Schicksal wie ihre.

Graf Reitzenstein

Zur Fuchs kam sie spät, erst nach der Vorstellung. Man war schon ein wenig müde. Aber als sie eingetreten war, begann der Tag von neuem. Sie setzt sich neben die Hausfrau und blickt sie zärtlich und vertrauensvoll an. Sie plaudert, und Worte sind plötzlich edel. Die Luft, die sie atmet, mitzuatmen, macht glücklich.

Gentz

Wenn man Sie hört, Felix, sollte man glauben, ein Verliebter spricht.

Graf Reitzenstein

Und wenn ich's wäre?

Gentz

Sie scherzen.

Graf Reitzenstein

Keineswegs.

Gentz

Armer Felix, wie ist Ihnen das passiert?

Graf Reitzenstein

Das Mitleid, Gentz, sollten Sie mir aus Großmut ersparen.

Gentz

Nehmen Sie denn um Gottes willen Ihren Zustand ernst?

Graf Reitzenstein

Seh ich aus wie ein Libertin?

Gentz

Es gibt keinen lebendigen Mann, der Fanny gesehen hat und sie nicht liebt. Bei Ihnen allerdings –

Graf Reitzenstein

Sie sprechen, Gentz, als ob Fanny Ihr Eigentum auf Leben und Tod wäre ...

Gentz

Lieber Felix, Sie überraschen mich. Wahrlich, ich weiß nicht mehr, was ich von der menschlichen Natur halten soll. Waren Sie es nicht, der mich im Glauben an die Möglichkeit einer Liebe zwischen mir und Fanny befestigt hat? Ich habe gezweifelt, und Sie waren verschwenderisch mit Beispielen aus Leben und Geschichte, die mich beruhigen sollten. Sie waren der einzige, der verstehend in mein Herz drang, der meine Jahre auf die Rechnung der Zeit und nicht zu Lasten der Seele gesetzt hat. Ich war eifersüchtig, damals, als ich noch eifersüchtig sein mußte, und Sie lachten mich aus. Wenn ich mich quälte, ob ich würdig sei, Fanny zu gewinnen, sahen Sie darin die Koketterie eines Mannes, der wenig verspricht, um viel zu halten. Sie haben für mich Sonette an Fanny gedichtet, und in einem Brief, den ich nie vergessen werde, schrieben Sie: Wehe dem Herzen, dem die Jahre alle Blüten rauben, und wehe der Lehre, die ein Vertrocknen vor der Zeit für Würde oder Weisheit ausgibt. So dachte Anakreon nicht, schrieben Sie, erinnern Sie sich? »So dachte Anakreon nicht.«

Graf Reitzenstein

Waren Sie nicht glücklich mit Fanny?

Gentz

Nur ein junger Mann darf glücklich gewesen sein.

Graf Reitzenstein

Ich kannte mein Gefühl nicht.

Gentz

So hätte der geheimnisvolle Drang in Ihnen, Felix, einen Greis beseelen wollen, und was dunkel in Ihrer jungen Brust wohnte, übertrugen Sie mutlos und edelmütig auf mich? Ist es so?

Graf Reitzenstein

Nicht ganz so.

Gentz

Und ich hätte sechzig Jahre unter Menschen gelebt, mit meinen Augen, und habe nicht das Spiel eines Jünglings durchschaut?

Graf Reitzenstein

Nein, nein, nein –

Gentz

Sie haben nicht bedacht, daß kein Feuer so wütend brennt, wie das in einem alten Haus.

Graf Reitzenstein

Ich wußte und weiß es. Fanny kam aus einer Welt, die tief unter uns liegt, aus einer kleinen, armen Welt, in der man noch an Ehren und Titel glaubt, wo von Luxus und Lebensgenuß erzählt wird wie von Märchen. Als Fanny Sie kennen lernte, als sie Ihre Protektion erfuhr, da war ihr das

Tor zur großen Welt geöffnet und in Ihrer Person verehrte sie den Ruhm und die Macht, nach denen sie sich sehnte und wofür sie auch bestimmt ist. Sie trat Ihnen mit der bebenden Andacht entgegen, mit der die jungen Mädchen aus dem Volk einen Prinzen aus seiner Karosse steigen sehen.

Gentz

(unterbricht)

Und aus diesem Äußerlichsten wollen Sie etwas so Geheimnisvolles erklären, wie es mein Bund mit Fanny ist?

Graf Reitzenstein

Sie lernte Sie näher kennen, sie wurde bezaubert von Ihrem Geist, von Ihrer Kunst des Umgangs – welche Frau von Instinkt und Kraft würde nicht diese Atmosphäre von Leben, von Abenteuer, von Bildung und Welt spüren, in der Sie atmen? Für sie, die Unerfahrene, waren Sie ein Gott an Erfahrungen. Sie konnten ihr die Tore aufriegeln, die sie fest verschlossen wähnen mußte, und Sie haben es getan. Sie sah in Ihnen einen Gebieter des Schicksals, einen, der erfüllt ist von Schicksalen und dem sie Vertrauen schenken durfte, weil er Liebe dafür gab. Sie fühlte Ihre Vergangenheit, sie begriff Ihr Leben, Gentz, dieses Leben, hingebracht in Schwärmerei und Leidenschaften, in den Verführungen der Städte wie im blutigen Dampf der Schlachtfelder, unter Königen und großen Damen, in Arbeit wie in Genuß, in der Melancholie der Einsamkeit und in der Unruhe unter den Menschen. Sie war behütet und geführt, wissend und gefeit an Ihrer Seite, und die Dankbarkeit unterwarf Ihnen ihr Herz.

Gentz

Nur die Dankbarkeit? Das wäre also der punctum saliens?

Soll ich zweifeln, nur weil andre zweifeln?

Graf Reitzenstein

Nicht zweifeln; aber Sie sind allzu sicher, Gentz.

Gentz

Fannys allzu sicher, meinen Sie?

Graf Reitzenstein

Ja, Fannys allzu sicher.

Gentz

Was gibt Ihnen Grund zu solcher Warnung? Ist die Medisance am Werk? Hat man in den Salons und in den Kaffeehäusern die Mäuler zu Guillotinen meines Glücks gemacht?

Graf Reitzenstein

Man ist darüber einig, daß Gentz ein beneidenswerter Mann ist.

Gentz
(mehr überlegen als bitter)

Gentz, ein Zittergreis, ein ausgebrannter Krater, und Fanny Elßler, das blühende Wunder einer morbiden Welt. Der seufzende Diplomat und die spöttisch lachende Nymphe, das lächerliche Podagra und ein feuriger Czardas. Lassen Sie hören, Felix, das war der Text. Die Melodie dazu – pfeifen die Drosseln.

Graf Reitzenstein

Nein.

Gentz

Aber Sie wenigstens haben die Überzeugung gewonnen, daß über einen Abgrund von siebenundvierzig Jahren hinweg die Leidenschaft eines Weibes gefriert und ein Mann sich aus seiner Dummheit und Leichtgläubigkeit eine Gloriole webt. Sagen Sie's nur.

Graf Reitzenstein

(wehmütig lächelnd)

Sie scheinen es also für unmöglich zu halten daß Fanny – (Er stockt, da Gentz mit scharf markierten Schritten auf ihn zugeht.)

Gentz

Ja, Felix! Unmöglich! Unmöglich kann Sie Fanny lieben!

Graf Reitzenstein

Ich dachte nicht an mich. Offen gestanden, lieber Gentz –

Gentz

(ergreift die Hand des Grafen)

Hören Sie mich an, Felix. Ich sage unmöglich, nicht, weil ich Ihren Wert nicht kenne. Die schönste, die vornehmste, die stolzeste Frau muß sich glücklich schätzen, Sie zu besitzen. Aber die schönste, die vornehmste, die stolzeste Frau, was tut sie am Ende, wenn sie liebt? Sie opfert Ihnen ihre Jugend. Ihre Schönheit ist nur dazu da, um von Ihnen, dem Geliebten, begehrt und genossen zu werden. Und sei sie lasterhaft wie Messalina oder eine Lucretia an Tugend, sie ist ein Weib und zwischen ihr und Ihnen ist nichts als die kleinen und großen Gefahren und Lockungen der Liebe. Fanny hingegen ist eine Tänzerin. Eine wirkliche, gottbegnadete Tänzerin. Verstehen Sie, was das heißt?

Graf Reitzenstein

Ich denke ... warum sollt ich nicht?

Gentz

Als ich Fanny zum ersten Male tanzen sah, da verteilten sich mir die Gewichte des Irdischen, und mein Schicksal war mir nicht mehr so lästig nahe. Ich hatte Spielraum in mir selbst, die Vergangenheit stand nicht mehr wie ein Leichnam hinter mir, die Philosophie nicht mehr wie eine Erinnye über mir, ich fühlte mich einer höheren und leichteren Ordnung der Dinge verwandt, und alles, was von schlechtem Gewissen in mir war, wurde von einer heiteren Macht beschwichtigt und zerstreut. Dem Philister ist dieser Tanz nur ein Vergnügen, an dem er vorübergeht, dem Jüngling mag er die Sinne befeuern, den reifen Mann erheben, erfreuen, doch nur der Alte, der wahrhaft Erfahrene, einer, der durch das ganze Fegefeuer der Geister- und Körperwelt gegangen ist, die ganze Hölle von Niedertracht und Stumpfsinn und alles erlebt hat, Untreue und Verrat, selbst treulos und ein Verräter war, an allem versucht worden ist, durch Leiden schamlos, durch Abwehr kalt, durch versteckte Armut listig, durch Triumphe gleichgültig geworden ist, – nur der kann die Tänzerin lieben, wie sie geliebt werden muß, so wie man eine Idee liebt, wie man Gott auf dem Sterbebett liebt.

Graf Reitzenstein

Das klingt groß, aber die Wahrheit des Lebens verteilt sich im Kleinen.

Gentz

Ein Aperçu beweist nichts, kaum für den, der es macht. Wie könntet ihr jungen Menschen diese Reinheit verehren, ohne sie herabzuziehen? Diese beschwingte Leichtigkeit, ohne sie zu lähmen? Wie könnt ihr besitzen, ohne mehr und immer mehr zu fordern? Man muß durstig sein können und nur vom freiwillig gereichten Becher trinken wollen. Man muß vergöttern können, indem man ein Wissen gibt, von dem ein Händedruck so voll ist wie eure erzählten Aventüren. Die Tänzerin ist in irgend einer Art heilig zu nennen, Felix, denn es ist etwas an ihr, was nie erobert werden kann und nie berührt werden darf, in den feurigsten Umarmungen nicht. Fanny opfert alle Leidenschaft ihrer Kunst. Nicht nur ihr Gliederspiel, auch ihr Seelenleben ist von dem Gesetz maßvoller Schönheit beherrscht. Man kann nicht weniger emotionsbedürftig sein als sie es ist, die sich von allem Stürmischen und Heftigen geradezu beängstigt fühlt. Der Adler wird in der Gefangenschaft traurig und verliert seine Majestät; will man sie ganz besitzen, so muß sie frei bleiben wie der Adler.

Graf Reitzenstein

Und doch dachten Sie einst an eine Heirat –

Gentz

Es war, als ich sie noch zu wenig liebte. Was bin ich heute? Der entlassene Kammerdiener großer Herren. Was besitze ich? Nichts. Schulden über Schulden. Sollte die Frau Hofrätin tanzen? Kann man einen Stern vom Himmel reißen, um ihn zum Schmuckstück für die Wohnstube eines Literaten zu machen? Das heißt die Ewigkeit zum Augenblick erniedrigen, und wer so handelt, dem versagt der Augenblick. Und so lang ich dem Augenblick genug tue, bin ich jung. Alt bin ich einen Augenblick vor meinem Tod.

Graf Reitzenstein

Wie sonderbar Sie mir erscheinen, lieber Gentz. Ich möchte bewundern und muß doch trauern –

Gentz

Trauern? Worüber? Sie suchen umsonst den frivolen Höfling in mir, dessen geprägte Malicen noch gestern halb Europa zum Lachen brachten. (Er nimmt ein mysteriöses Wesen an.) Ich bin fromm geworden. Ja, ich bete, Felix, ich bete zuweilen. Besonders in der Nacht.

Graf Reitzenstein

Armer Freund, kaum will mir das Wort über die Lippen ...

Gentz

Was für ein Wort? Gegen Worte bin ich gewappnet. Das ist mein Beruf.

Graf Reitzenstein

Fanny ist nicht nur eine Tänzerin, sie ist auch ein Weib.

Gentz

Ich gratuliere Ihnen zu dieser Entdeckung. Wollen Sie mir damit sagen, daß Sie ein Mann sind? Ich habe nie daran gezweifelt.

Graf Reitzenstein

Nicht um mich handelt sich's. Es tut mir leid, daß ich mich zu einem Geständnis meiner Empfindungen für Fanny habe hinreißen lassen. Es geschah, weil ich Ihnen Offenheit schuldig zu sein glaubte. Es ist von meiner Seite nichts geschehen, was mit dem Gebot der Freundschaft unvereinbar wäre, und da Sie keinen Anlaß haben, diese Freundschaft zu beargwöhnen –

Gentz

Nicht den geringsten, teurer Felix.

Graf Reitzenstein

– so dürfen Sie meiner Mitteilung keine falschen Motive geben. Neigung und Freundschaft haben mein Auge geschärft, das ist alles.

Gentz

Nun, Sie machen mich neugierig.

Graf Reitzenstein

Jener Stuhlmüller –

Gentz

Was ist mit ihm?

Graf Reitzenstein

Fanny liebt ihn.

Gentz

Oh! Oh! Oh! Stuhlmüller! Felix, Sie sind gar zu treuherzig.

Graf Reitzenstein

Sie befinden sich, lieber Gentz, in einem Rausch von Täuschung und Illusion. Ich habe die beiden beieinander gesehen, und nicht nur heute.

Gentz

Was noch?

Graf Reitzenstein

Ich habe Blicke gesehn, Gebärden gesehn ... O, ich kenne Fanny. Wo ihr Herz spricht, ist sie ehrlich bis zur Selbstvergessenheit.

Gentz

Und wäre in dieser Ehrlichkeit betrügerisch gegen mich? Felix! Felix!

Graf Reitzenstein

Ich wiederhole: sie ist ein Weib.

Gentz

Komischer Refrain. Mann – Weib. Ist die Natur eine Maschine und sind die gröbsten Gegensätze der Begriffe nur erfunden, damit man aus einem Engel im Handumdrehen eine Dirne machen kann?

Graf Reitzenstein

Sie beleidigen die Natur, Gentz.

Gentz

Da sieht man, wie ihr jung seid, ihr jungen Leute. Ihr stolziert in abgestempelten Anschauungen herum wie ein Hahn auf einer Grammatik. Stuhlmüller? wer ist Stuhlmüller für mich? Was ist er für meine Welt, für mein Gefühl, was er nicht auch zugleich für Fanny wäre?

Graf Reitzenstein

Ein Bursche wie aus Blut und Stahl, Gentz.

Gentz

Ihr wißt nichts von Fanny, keiner. Ihr kennt nur eine Liebenswürdigkeit, bei der das Herz abwesend ist ... (Er lauscht.) Horch! Sie kommt, Felix! (Entzückt.) Ich höre ihren Schritt ...

Graf Reitzenstein

Dann wird es Ihnen wohl bequemer sein, wenn ich mich jetzt verabschiede.

Gentz

(mit leichtem Spott)

Sie müssen ihr wenigstens in die Augen schauen, Felix. (Er lauscht angestrengter, mit geneigtem Kopf.)

Graf Reitzenstein

Sie könnte mich glauben machen, daß ich ihr etwas bedeute, und um so weniger könnt ich sie vergessen.

Gentz

Ist sie's? – Ja, sie ist's.

Graf Reitzenstein

Vielleicht feiern wir heute abend noch ein kleines Fest zu dreien, lieber Gentz. Am Sonntag reis' ich nach Paris.

Gentz

(vorwurfsvoll, doch ein wenig zerstreut)

Felix!

Jean

(tritt ein, reißt die Türe auf)

Demoiselle Elßler.

Fanny Elßler

(folgt dem Diener. Sie trägt ein helles, schottisches Kleid und einen blumengeschmückten Spitzenhut mit Band und seitlich herabgebogenen Bändern. Gestalt und Bewegungen sind von vollendeter Schönheit. Die ursprüngliche Naivität, Heiterkeit und Frische kämpft bisweilen gegen eine erworbene, anmutige Würde)

Grüß Gott, lieber Gentz! Endlich bin ich wieder bei dir.

Gentz

(fast erschüttert bei ihrem Anblick)

Fanny! Teuerste! Wie lang waren diese drei Tage!

Fanny

Ei, der Graf Felix! Guten Morgen, Felix, wie geht's Ihnen? Habt ihr ernste Gespräche gehabt? Es liegt so was in der Luft.

Gentz

Du siehst blühend aus, Fanny. Tu doch den Hut herunter ...

Fanny

(nimmt den Hut ab, streicht mit den Händen das schwarze gescheitelte Haar glatt, das rückwärts zu einem griechischen Knoten geknüpft ist)

Gemütlich ist's bei dir, Gentz, und ich freu mich, daß ich wieder da bin. Die schönen Rosen!

Gentz

Findest du nicht, daß Rosen auch Schwermut erwecken können? Es gibt eine gewisse Fülle des Lebens, die traurig macht.

Fanny

(streicht ihm über die Stirn)

Laß das, Gentz. Wenn du von der Traurigkeit sprichst, krieg ich gleich ein schlechtes Gewissen. Warum so schweigsam, Felix? Ihr Männer seid komische Leute. Wenn ihr miteinander gesprochen habt, tut ihr furchtbar geheimnisvoll, und doch weiß man alles, wenn man euch nur anschaut.

Gentz

Wie steh ich armer Diplomat nun da!

Graf Reitzenstein

(lächelnd)
Die Traurigkeit unseres Freundes hat also schon gewirkt?

Fanny

(lacht)
Auf das schlechte Gewissen, meinen Sie? So stehn die Sachen, Gentz?

Gentz

Er ist ein gar zu grüblerischer Geist, der Felix. Denke dir, er hat mir Vorwürfe über meine leichtsinnige Wirtschaft gemacht. Er ist der Meinung, daß ich zu verschwenderisch gegen dich bin –

Graf Reitzenstein

Gentz! Gentz!

Fanny

Sie haben ganz recht, Felix. Neulich wollte er mir partout eine diamantene Agraffe kaufen –

Graf Reitzenstein

Es hieße Sie beleidigen, Fanny, wollte man Edelsteine für köstlicher halten als die Freude, Sie damit schmücken zu können.

Fanny

Wie galant!

Gentz

Galant und wahr zugleich. Ich habe ihm gesagt, wenn man in meinem Alter zum Harpagon wird, gleicht man einem Soldaten, der nach dem Krieg desertiert.

Graf Reitzenstein

Der Geizige hat vor dem Verschwender das eine voraus, daß er alle seine Wünsche erfüllen kann. (Greift nach seinem Hut.)

Fanny

Gehen Sie schon, Felix? Wie schade!

Gentz

Leben Sie wohl, lieber Freund.

Graf Reitzenstein

Ich darf doch darauf rechnen, daß Sie heute abend mit Fanny bei mir soupieren?

Fanny

Das wäre reizend.

Gentz

Heut abend kann ich unmöglich, 's ist ein Diner beim Fürsten und der französische Gesandte kommt hin. Der Fürst legt Wert auf meine Anwesenheit. Aber morgen, wenn dir's recht ist, Fanny? Gut, wir kommen morgen.

Graf Reitzenstein

Auf Wiedersehen denn. (Ab.)

Fanny

(die ihm nachgeschaut hat)

Er ist ganz anders als sonst, der Felix ...

Gentz

Bist du nicht eifersüchtig auf dich selbst, da deine besten Freunde eifersüchtig auf deine besten Freunde werden?

Fanny

Ist es so, dann tut er mir herzlich leid.

Gentz

Nun, die Dinge liegen so einfach nicht. Du steigst empor, du richtest die Blicke der Menschen auf dich, die Männer, wie sie einmal sind: eifersüchtig selbst da, wo sie nicht lieben ...

Fanny

Oft denk ich mir, es wäre Zeit, dem Wiener Boden Valet zu sagen –

Gentz

Sprich's nicht aus, Kind.

Fanny

(schüchtern)

Jetzt grade könnt ich's tun, Gentz. Ich hab einen Antrag nach Berlin; soll an der königlichen Oper tanzen.

Gentz

Also doch! Wie hab ich den Moment gefürchtet.

Fanny

Ich tu's ja nicht, Gentz, tu's keinesfalls.

Gentz

Hat man dir den Kontrakt schon vorgelegt?

Fanny

Ja, ich hab ihn dabei. (Zieht das Dokument aus ihrem Pompadour und übergibt es Gentz.)

Gentz

Laß sehn ... (liest) Ballette »Blaubart«, »die Fee und der Ritter«, »Ottavio Pinelli«, »die Stumme von Portici« ... für drei Monate ... die Summe von fünfzehnhundert Talern nebst Spielhonorar ... (laut) Das ist nicht übel. Das wäre ja durchaus nicht von der Hand zu weisen.

Fanny

(versucht gleichgültig zu erscheinen)

Nicht wahr? Verlockend ist es.

Gentz

Du hast also Lust, zu den Berlinern zu gehen?

Fanny

(rasch)

Nein, Gentz; eigentlich ganz und gar keine Lust.

Gentz

Den Antrag abzuweisen wäre nicht klug von dir.

Fanny

Man kann's ja aufs nächste Jahr verschieben.

Gentz

Nein. Die Welt verlangt nach dir. Dein Bezirk ist Europa, der Erdball.

Fanny

Ist denn Berlin schon Europa?

Gentz

Für jeden beginnt Europa, beginnt die Welt da, wo er seine

Heimat verläßt.

Fanny

(mit sehnsüchtigen Blicken, trotz des entschiedenen Tons)

So gern ich's möchte, Gentz, ich kann nicht von dir weg.
Bei dir weiß ich, daß ich behütet bin. Du hast alles aus mir
gemacht. Du warst alles für mich, mein Vater, mein Bruder,
mein Freund, mein Lehrer. Du hast mich aufgeweckt, ich
hätte keinen Ehrgeiz ohne dich, ich wüßte nichts von mir ...

Gentz

Doch kann ich dir den Ruhm nicht geben, der dich fern von
mir erwartet.

Fanny

Was soll mir der Ruhm, wenn ich ihn nicht bei dir vergessen
kann.

Gentz

Je länger ich überlege, je unverantwortlicher erscheint es
mir, dich zurückzuhalten.

Fanny

(mit unwillkürlich hingerissener Gebärde)

Hinaus ins Unbekannte –! Eines ist ja wahr: zu eng wird's
mir hier. Sie glauben mir nicht ganz, ich bin ihnen nicht
fremd genug.

Gentz

Kehrst du zurück, so gebietest du denen, die dich jetzt nur
dulden.

Fanny

Und doch ... nein, 's ist unmöglich. Schau, Lieber, mit Berlin ist's ja nicht abgetan. Da muß ich dann weiter. Da lockt's mich weiter. Nach Paris, wo die Taglioni tanzt.

Gentz

Sie ist kalt, sie ist blutlos, ein Schatten gegen dich.

Fanny

Aber dort wissen sie, was tanzen heißt. Man ist stärker, wenn's um den höheren Preis geht. Die Franzosen, siehst du, die möcht ich behexen, und wenn die Taglioni ein Engel ist, wie sie sagen, will ich zum Teufel werden. O, ich fühle, daß ich's kann! Ich hab's neulich gespürt im Blaubart, das ganze Theater war so still wie eine leere Kirche, und alle Augen waren so feurig in der Dunkelheit. Ach, Gentz! Paris! Paris!

Gentz

(der sich immer mehr in heroische Entsagung hineinlebt)

Warum nicht? Paris ist nur eine Domäne des Glücksreichs, das du gründen wirst.

Fanny

Und von Paris nach London, und von London nach Amerika. Die Amerikaner sollen ja so reich sein, da könnt ich mir viel Geld verdienen, herrliche Kostüme kaufen, die Dichter und die Komponisten bezahlen, daß sie mir wunderbare Texte und schöne Musik machen. O, ich hätte Mut. Das Meer fürcht ich nicht und die Wildnis nicht.

Gentz

So gefällst du mir. So gärt der Most, aus dem edler Wein wird.

Fanny

Und lernen, lernen, lernen, Gentz! Weißt du, was man von der Taglioni und ihrem Vater erzählt? Als sie in London war, wohnte unter ihr ein Mann, der ließ ihr sagen, sie möchte sich durch die Rücksicht auf seine Nachtruhe nicht in der Arbeit stören lassen. Und was hat der alte Taglioni geantwortet? Sagen Sie diesem Herrn, hat er dem Diener zugerufen, daß ich noch nie den Schritt meiner Tochter gehört habe, und daß ich sie verfluchen würde an dem Tag, wo es geschähe. Das find ich groß!

Gentz

Du hast Gaben, um die dich eine Taglioni beneiden wird.

Fanny

(stockt, seufzt)

Das ist's ja eben. Es ist einem oft zu Mut, als ob die Menschen voll Haß wären gegen die Kunst. Der Neid, die Mißgunst, wie soll ich's ertragen, wenn du mir nicht hilfst? Du bist klug, bist mächtig, sie beugen sich vor dir, und wenn ich bei dir bin, vergeß' ich die hämischen Gesichter. Nein, ich will nicht fort.

Gentz

Ich kann dich nur bis dahin führen, wo dir der Sinn des Daseins verständlicher wird, Fanny. Wir sind allein und müssen allein bleiben, ein jeder. Vielleicht ist es deine Aufgabe, dieses Gefühl der Einsamkeit, von dem die Menschen erfüllt sind, in Schönheit zu verwandeln. Uns beide hat das Geschick nur in einer Laune zusammengeworfen, mich am Ende, dich am Anfang eines Wegs. Es ist mehr als Liebe, was uns bindet. Du warst für mich geschaffen und fühlst es. Daß die Zeit sich in unserer Geburt verrechnet hat, kann uns nicht beirren. Nichts wird uns trennen, – weshalb so viel Wesens machen um die paar Meilen von hier bis Berlin?

Fanny

Und unsere Gespräche, unsere Ausflüge, unsere gemütlichen Abende, wo wir das »Buch der Lieder« zusammen gelesen haben ...

Gentz

(scherzhaft)

Bst! Willst du wohl? Daß du mich nicht verrätst, denn dieser Heine ist ein Erzliberaler.

Fanny

Doch liebt er die Tänzerinnen, so viel ich weiß.

Gentz

Ja, das tun die Liberalen sonst nicht. Und nun setz dich an den Schreibtisch, nimm den Federkiel und schreib deinen Namen unter den Kontrakt.

Fanny

(schalkhaft)

Das heißt so viel, als du schickst mich fort? (Sie setzt sich.)

Gentz

In dieser Minute schreibst du deinen Namen ins Firmament der Unsterblichkeit.

Fanny

Noch ist's nicht geschehen, Gentz. Soll ich? Soll ich wirklich?

Gentz

(legt seine Hand auf ihre Schulter, sie blickt zu ihm empor)

Ich bin stolz darauf, deinen vollen Wert, von dem deine Schönheit und deine Kunst nur Teile sind, erkannt zu haben, und die Freundschaft, mit der du meine Liebe belohnst, schätze ich höher als Güter der Erde. Ich lebe nur in dir, Fanny; sterben hat keinen andern Sinn für mich als eine Welt verlassen müssen, in der du atmest. Ich habe den Mut zu glauben, daß mich nichts aus deinem Herzen reißen kann. Wenn du mich durch einen einzigen Händedruck versicherst, daß ich mich nicht irre, so bleibt mir nichts mehr zu wünschen übrig.

Fanny
(gibt ihm die Hand)

Ja, Gentz, Freundschaft, das ist das rechte Wort.

Gentz

Das einzige, Fanny?

Fanny

Gibt's ein besseres noch?

Gentz

Ich wag es nicht auszusprechen. Doch nun ich deine Hand habe, bist du mir versprochen, Fanny. Es ist zwar nur die linke, aber es ist mir keine lieber als die andre. Ich drücke sie an die Lippen und mit der rechten schreib'. Schreib deinen Namen, verschreib dich dem Ruhm.

Fanny

Schwer ist das Schreiben ohnehin, und erst wenn du mir den Arm wegnimmst ... Also probier ich's (schreibt) Fanny ... Elß ... ler. Wunderlich! Da steht's nun! Und ist nichts geschehen eigentlich ...

Gentz

Siehst du, Fanny, so hab ich dich zu deinem Wunsch
bekehrt.

Fanny

(dankbar)

Gentz! Lieber!

Jean

(kommt)

Es ist einer draußen und sagt, er will die gnä' Fräul'n
sprechen.

Fanny

Mich?

Gentz

Wer mag's denn sein? Hat er den Namen nicht genannt?

Fanny

(rasch)

Ach richtig, das ist sicherlich der Stuhlmüller.

Jean

(verächtlich)

Ja. Stuhlmüller. So nennt er sich.

Fanny

(mit blitzenden Augen)

Weshalb spricht der Mensch so despektierlich, frag ich?

Jean

Entschuldigen die gnä' Fräul'n, aber ...

Gentz

(streng)

Nichts. Genug. Frag ihn, was er will. (Jean ab.) Wie kann der Bursch es wagen ...

Fanny

Aber ich versteh dich gar nicht ... abholen will er mich. 's ist Prob am Nachmittag, und außerdem ...

Gentz

Außerdem?

Jean

(kommt zurück)

Der Monsieur Stuhlmüller läßt sagen ...

Gentz

's ist gut. Weiß schon. Soll draußen warten. (Jean ab.) Außerdem, Fanny?

Fanny

Er ist's ja, Gentz, der Stuhlmüller, der mir den Kontrakt verschafft hat, und jetzt brennt ihn halt die Neugier zu erfahren –

Gentz

Er hat dir den Kontrakt verschafft? Wie kommt er denn dazu?

Fanny

Er ist ja in Berlin engagiert, und ich soll seine Partnerin sein.

Gentz

Er dein Partner, meinst du ...

Fanny

Ja, wenn du so willst ...

Gentz

Deshalb ist immer noch kein Grund für ihn, in mein Haus zu dringen.

Fanny

Warum denn so feindselig, Gentz?

Gentz

Ich mag's nicht. Mag das Theatervolk nicht leiden. Haben alle so was Penetrantes.

Fanny

Er war mir ein guter Kamerad.

Gentz
(mit den Händen auf dem Rücken hin- und hergehend)

Das dacht ich mir.

Fanny
(langsam)

Er war's ... (stockend) er ist's nimmer.

Gentz
(bleibt stehen)

Jetzt versteh ich gar nichts mehr. Also habt ihr euch zerstritten?

Fanny

Er ist mir noch was anderes.

Gentz

(blickt sie starr an)

Er ist dir sehr ergeben, hoff ich.

Fanny

Ergeben? Nein. Eher ... stolz.

Gentz

Der elende Komödiant! Werd ihm die Leviten lesen.

Fanny

Willst du denn nicht begreifen, Gentz? (Lange Pause.)

Gentz

(die Hand an der Stirn, plötzlich schwer)

Sprich nicht davon, Fanny. Sprich nicht davon. Du kennst dich selber nicht. Du kennst mich nicht.

Fanny

(innig)

Schau, Gentz, anders konnt' es doch nicht, durft' es doch nicht kommen, oder die Natur ist nicht mehr Natur und Blut nicht mehr Blut.

Gentz

(leise)

Also doch ... Felix! Felix! – Sprich nicht davon, Fanny! (Ausbrechend.) Oder sag lieber, daß alte Männer langweilig sind, daß sie graue Haare haben und schwarze Zähne, daß sie, anstatt Liebesworte zu girren, besser ihr Testament abfassen sollten, daß jung sein, nichts anderes bedeutet als grausam sein, gefräßig sein, meineidig sein und daß man nicht vergessen soll, zur rechten Zeit zu sterben ... Gott, wohin verlier' ich mich!

Fanny

(erregt)

Gentz, hör mich an. Den Kontrakt, noch kann ich ihn zerreißen –

Gentz

Nimmermehr, Fanny. Blieb ich darum weniger ein Greis?

Fanny

Dir dank ich alles, Gentz, und will dir's danken, ohne Engigkeit, nicht bloß mit Reden, sondern von Herzen gern, und da, in meinem Herzen, bist du und bleibst du allezeit. Du bist mir das Höchste auf der Welt, als Mensch, und weil du's bist, mußt du's verstehen, wenn ich mein Herz nicht vor dir hehle. So war ja die Abrede zwischen uns, und immer warst du darauf gefaßt.

Gentz

(düster)

Man ist nie auf ein Ende gefaßt, wenn es da ist. Der Glückliche steht immer an einem Anfang.

Fanny

Ein Ende, Gentz! Wer spricht vom Ende? Wahrlich, du betrübst mich ganz und gar. Ich bin ganz irre jetzt.

Gentz

Sprich nur weiter, Fanny, so hör ich wenigstens deine Stimme.

Fanny

Dir mag's von mindrem Wert erscheinen, was mich jetzt
erfüllt; vielleicht ist's auch so, doch was nützt Rede und
Widerrede, wenn dich die Sinne zwingen und dich auf den
Weg treiben, – einem in die Arme, der wartet, wartet, und
den du nicht hast kommen sehn, und du mußt zu ihm, als
ob's Gott selber so beschlossen hätte. Rühmt' ich seine
Augen oder seinen Gang oder daß er's redlich meint und ein
treues Gemüt hat, so würd ich lügen, Gentz, denn dies ist's
nicht, was mich hintreibt, 's ist vielmehr wie ein Rhythmus
beim Tanz, der die Unruhe auflöst und die Luft um einen
her dünner macht. Auch auf Betrug war's nicht abgesehn,
denn her bin ich gekommen, um alles frei zu sagen, nur
hat's mir weh um dich getan.

Gentz

Wie deine Augen glänzen, Fanny ...

Fanny

Du mußt ihn sehen, Gentz! Wie er schreitet, sich bewegt!
Wie schlank er ist, wie er den Kopf wendet, wie edel er sich
hält, wie die Gelenke abgesetzt sind. Mit ihm zu tanzen, ist
halbe Arbeit; er trägt mich, schwingt mich so dahin. Wie
mir's bei dir geschieht, wenn ich im Leben zaghaft werde, so
gibt er mir Mut und Lust beim Tanz.

Gentz

Wann willst du reisen, Fanny?

Fanny

(mit gesenktem Kopf)

Weiß noch nicht. In der nächsten Woche, denk ich.

Gentz

Wozu der lange Aufschub? Es wäre besser, du würdest morgen reisen.

Fanny

Bist du so ungeduldig, mich los zu werden, Gentz?

Gentz

Ich will dir einen Platz auf der Post bestellen.

Fanny

Soll ich heut abend nicht zu dir kommen?

Gentz

Heut abend laß mich lieber allein.

Fanny

Jetzt will ich aber den armen Stuhlmüller nicht länger warten lassen.

Gentz

Adieu, Fanny.

Fanny

Magst ihn nicht wenigstens sehen? Sprich ein freundlich Wort mit ihm.

Gentz

Nicht heute, nicht jetzt.

Fanny

So leb wohl. (Reicht ihm die Hand.)

Gentz

Komm noch einmal ...

Fanny

Morgen komm ich wieder.

Gentz

Und übermorgen ...

Fanny

Übermorgen auch.

Gentz

Wie ein gehorsames Kind!

Fanny

Wie eine Tochter, ja.

Gentz
(zu dem Kupfergefäß, nimmt Rosen und gibt sie ihr)

Hier, die Rosen, Fanny; nimm sie mit auf den Weg.

Fanny

Dank dir.

Gentz

Und sei glücklich.

Fanny

Dank dir schön.

Gentz

Und noch etwas: geh nicht direkt die Straße entlang, – geh
am Gartentor mit ihm vorbei, damit ich euch sehe. Es ist

nur ein kleiner Umweg.

Fanny

Ist recht, Gentz. (Sie beugt sich schnell, küßt seine Hand; ab.)

Gentz

(lauscht; dann auf und ab. Er geht zur Gartentür, schaut angestrengt nach rechts hinüber)

Da gehen sie hin, – die jungen Leute! (Er zieht sein Lorgnon heraus und verfolgt die sich Entfernenden mit den Blicken, bis sie verschwunden sind, dann wendet er sich ab und läßt sich in den Fauteuil sinken. In seinem Gesicht erlischt gleichsam ein Feuer, und der Ausdruck wird völlig greisenhaft.) Da gehen sie hin. Die jungen Leute. Als ob sie einen Sarg in die Erde gesenkt hätten. Wozu die Trauer? Wozu Opfer, wozu Treue, wozu Müh und Sorge? Das Leben schwindet, das Krüglein ist geleert. Kein Wort mehr, Gentz, den letzten Traum hast du dir verdient und bezahlt. Genug, genug. (Er erhebt sich, greift nach der Handglocke.) Wie noch alles hier nach ihrer Jugend riecht! Wie die Luft noch von jungem Lachen klingt ... Kein Wort, kein Wort mehr, Gentz. (Er läutet.)

Jean

(kommt)

Herr Hofrat befehlen?

Gentz

Geh Er zum Fürsten Metternich und richt Er aus, daß ich zum Diner heut abend nicht kommen kann.

Jean

Sehr wohl.

Gentz

Bring Er mir meinen Schlafrock, den türkischen und mach
Er Feuer im Ofen. 's ist kalt.

Jean

Sehr wohl.

Gentz

Sag Er den andern draußen, daß ich für niemand zu Hause
bin. Für niemand, hört Er?

Jean

Sehr wohl.

Gentz

Vor allem mach Er Feuer an.

Jean

Sofort. (Ab.)

Gentz

's ist kalt. 's ist kalt. (Sinkt wieder in den Sessel.) Kein Wort mehr,
Gentz. (Bedeckt das Gesicht mit den Händen.)

(Vorhang)

Der Turm von Frommetsfelden

Personen:

Der Ritter Karl Heinrich von Lang, ansbachischer
   Domänenrat
Anna, seine Frau
Frau von Hänlein, deren Mutter
Leutnant Amandus Schlözer
Rechnungsrat Birnkoch
Kammerdirektor Mühlbach
Kasteljack, Schreiber
Fünf Bauern, darunter: Der Ringhofbauer, der
   Waldhofbauer, der Erlhofbauer
Bärbel, Dienstmagd bei Langs

 Spielt zu Anfang des 19. Jahrhunderts in Ansbach.

Das geräumige Arbeitszimmer des Ritters von Lang, zugleich eine Art
Wohngemach. Die Möbel im französischen Geschmack des achtzehnten
Jahrhunderts. Rückwärts zwei Fenster mit Aussicht auf romantisch
verwinkeltes Häuserwerk. Links Tür in die andern Zimmer, rechts in den Flur.

Frau von Hänlein ordnet die auf Tischen, Stühlen und Sofa
herumliegenden Bücher und Hefte; Bärbel kehrt mit einem riesigen Besen
aus.

Frau von Hänlein

(eine stattliche Dame in der Mitte der vierzig; sehr riegelsam, frisch, gesund,
nur wenig angegraut)

In aller Frühe war er also schon da?

Bärbel

Heroben war er nit. Vorbeigangen ist er am Haus, wie ich zum Bäcker bin, und hat g'fragt, wie's der jungen Frau geht.

Frau von Hänlein

Scheint viel Zeit zu haben, der junge Herr.

Bärbel

Die Herren Leutnants möchten halter gern, daß an Krieg gitt.

Frau von Hänlein

Wenn ich der Lang wäre, ich tät ihm das Haus verbieten. Die Männer sind zu schlampig in manchen Sachen. Du kannst jetzt in die Küche gehn, Bärbel. In einer halben Stunde muß die junge Frau ihre Milchsuppe bekommen. (Bärbel ab.) Sitzt da herum. Schwatzt. Wär die Anna nicht die Anna, er könnt sie am Ende um den Verstand schwatzen. Lang, Lang! So gescheit du bist, so dumm bist du.

Anna

(kommt von links. Blasse, schlanke, zarte, zierliche Frau von zwanzig Jahren. Sie trägt ein elegantes Morgengewand nach Pariser Schnitt; lächelnd)

Sprichst für dich alleine, Mutter, und räumst schon wieder?

Frau von Hänlein

Was zu räumen ist, räum' ich. Guten Morgen, Kind. Bist schon aus dem Bett gehupft? 's ist erst zehn Uhr und der Doktor hat gesagt, du sollst bis Mittag liegen.

Anna

(heiter)

Erklärt mich der Doktor für krank, dann fühl' ich mich gleich gesund.

Frau von Hänlein

Bist ja auch nicht krank, sollt' ich meinen.

Anna

Krank nicht, gesund auch nicht. Was soll man glauben!

Frau von Hänlein

Glaub an deine Natur.

Anna

Grad die Natur macht mich oft irre. Oft versuch ich froh zu sein, dann kommt unversehens die Traurigkeit.

Frau von Hänlein

Wie hast denn geschlafen heute?

Anna

Einen wunderlichen Traum hab ich gehabt, Mutter.

Frau von Hänlein

Laß hören. Vielleicht kann ich ihn deuten.

Anna

(setzt sich aufs Sofa, Frau von Hänlein bleibt vor ihr stehen)

Mir träumte, ich war in Frommetsfelden und alles war noch so, wie ich ein Kind gewesen. Der schöne Garten mit den vielen Obstbäumen, alle voller Äpfel und Birnen und die lieben alten niedlichen Häuschen, und ich geh so und freu mich über den blauen Himmel, und wie ich so gehe, wird's auf einmal stockfinstre Nacht, und auf einmal seh ich Flammen, und das ganze Städtchen steht lichterloh in Brand. Mir wird Angst, und ich weiß nicht wohin, da packt mich Karl Heinrich am Arm, so fest, daß mir's durch und durch weh tut. Laß mich wenigstens noch in meinen Garten, bitt ich ihn, aber er schüttelt den Kopf, macht ein böses Gesicht und hält mich nur immer fester. Da seh ich den Leutnant Schlözer kommen, er winkt mir so freundlich, daß mir ganz warm ums Herz wird, und plötzlich kann ich zu ihm hingehen, und wie ich bei ihm bin, da sind wir im Garten, und aus einem schönen blauen Krug gibt er mir Wasser zu trinken. Dabei ist mir immer wohler und wohler geworden, und so bin ich aufgewacht.

Frau von Hänlein

Das war das Vernünftigste, was du hast tun können, das Aufwachen.

Anna

Sollen die Träume auch noch vernünftig sein? Schau, Mutter, ich fühl' mich so verlassen oft.

Frau von Hänlein

(setzt sich zu ihr, tadelnd)

Und du hast doch den besten Mann von der Welt.

Anna

(steht auf, geht zum Fenster)

's ist wahr.

Frau von Hänlein

Ist's wahr mit Seufzen, so ist's Lüge.

Anna

Weiß wirklich nicht, wie mir zumut ist ...

Frau von Hänlein

Hör' zu, Anna. Du solltest dich weniger mit dem Leutnant Schlözer abgeben. Ein paar Monate seid ihr erst verheiratet, und, – es schickt sich eben nicht. Lang muß sich auch kränken.

Anna

(bitter)

Karl Heinrich? Oh nein, Mutter. Oh nein. Der kränkt sich nicht. Darüber nicht.

Frau von Hänlein

Warum nicht darüber? Etwa weil er nicht darüber spricht?

Anna

Wüßt ich's nur! Das ist's ja, was mich quält. Er denkt nur an die Verwaltung. Nur seine Eingaben und Verbesserungen hat er im Kopf.

Frau von Hänlein

(lacht)

Bist eifersüchtig auf die Verwaltung? Damit mußt du dich abfinden. Ein Mann gehört seinem Beruf.

Anna

(mit niedergeschlagenen Augen)

So bin ich betrogen worden, Mutter. Man hat mir's anders eingeredet.

Frau von Hänlein

Als dein Vater auf dem Totenbett lag, sagte er zu mir: Schau, Rieke, du hast ja graue Haare an den Schläfen. Da hab ich

ihm antworten müssen: Dummer Mann, die grauen Haare
hab ich schon seit sechs Jahren. Glaubst du, wir haben uns
deshalb minder lieb gehabt?

Anna

Ach, – Liebe! Das ist viel, oder 's ist wenig, je nachdem! Wie
kann ich wissen, ob sie mir gilt, (mit beiden Händen an der Brust)
ob's meine Liebe ist, die erwidert wird, ganz genau meine?

Frau von Hänlein

Warum soll es denn, um Gottes willen, ganz genau die deine
sein? Wir Menschen sind doch aus verschiedenem Teig.

Anna

Ist sie ihm mehr wert als das Amt? Was Größeres als die
Geschäfte? Was anderes als eine Stunde zum Vergessen? Ich
will wissen, ob sie mir gilt, mir ganz allein und ganz so wie
ich bin.

Frau von Hänlein

Kind, spiel du nicht mit Worten, denn das heißt so viel wie
zum Teufel beten. (Sie steht auf.)

Anna

Was sind mir seine Geschenke, wenn ich das nicht weiß? Er
ist so verschlossen; so viel fremdes Leben bringt er mit.
Seine Augen sind fremd. Sein Gesicht ist fremd. Mir ist als
hätt ich sein wirkliches Gesicht noch kaum gesehen; als ob
er gar nicht leiden könnte um was. Immer möcht ich
grübeln, wenn er mit mir redet; indes sein Wort weiter geht,
bin ich noch beim ersten und frag mich: wo bist du, Karl
Heinrich? Ich find ihn nicht. Muß ich ihm nicht auch fremd
sein? Wie wird er mich nehmen, wenn mein Fremdestes zu
seinem Herzen will?

Frau von Hänlein

(bekümmert)

Das kommt mir alles wie Sünde vor. Auch versteh ich's nicht. Ich bin schon froh, wenn mich die Sonne bescheint.

Bärbel

(von rechts)

A Herr is da un will unsern Herrn sprech'n.

Frau von Hänlein

Unser Herr ist ausgegangen.

Bärbel

Der Herr will auf unsern Herrn wart'n.

Frau von Hänlein

Was ist's denn für ein Herr?

Bärbel

Birnkoch haaßt 'r.

Rechnungsrat Birnkoch

(unter die Türe tretend; ein dicker, kleiner, geschniegelter junger Mann mit Glatzkopf und einem eiertanzähnlichen Gang)

Excusez, mes dames –

Frau von Hänlein

Der Herr Rechnungsrat! Bitte nur einzutreten, Herr Rechnungsrat.

Birnkoch

Ist nicht meine Absicht, die Damen zu troublieren. Bonjour, mesdames. Frau Domänenrätin, meine Reverenz. Wie befindet sich dero beneidenswerter Gatte?

Frau von Hänlein

(hastig, um Annas zerstreutes Schweigen zu verdecken)

Mein Schwiegersohn ist zur Inspektion des Waisenhauses, Herr Rechnungsrat. Müssen Sie ihn dringend sprechen, so schick ich hinüber.

Birnkoch

Inspektion in aller Frühe? Ein rühriger Beamter, der Domänenrat Lang, un caractère de fer. Wollen Sie hinüber schicken? Ich bitte, nein. Allerdings habe ich ein Anliegen, will sagen einen Auftrag von Seiner Exzellenz, dem Minister Haugwitz, der die Gnade hatte, mit mir in Berlin zu konferieren ...

Frau von Hänlein

Nun, wenn es von Wichtigkeit ist, Herr Rechnungsrat ...
(Will zur Tür.)

Birnkoch

Bitte nein, Madame. Muß wohl von einiger importance sein, da man mich damit beauftragt hat. Aber, bitte nein. Das Vergnügen, Ihnen Gesellschaft leisten zu dürfen ... Es handelt sich um die fatale Affäre ... une chose ridicule, au fond ... mit dem Turm von ... von ... quel nom abominable ...

Frau von Hänlein

Mit dem eingestürzten Stadtturm vielleicht –?

Birnkoch

Ganz richtig, Madame; mit dem eingestürzten Stadtturm. In ... in ...

Frau von Hänlein

Frommetsfelden.

Birnkoch

Milles mercis, madame. Frommetsfelden. Mon Dieu, was für seltsame ... Bezeichnungen in Deutschland die Dörfer haben!

Anna

(die am Fenster gesessen ist, hat erstaunt aufgehorcht)

Wie, Mutter, – in Frommetsfelden ist der Turm eingestürzt?

Birnkoch

Ganz wie Sie sagen, Frau Domänenrätin. Von oben bis unten eingestürzt.

Frau von Hänlein

(verschüchtert durch Annas erschrockene Miene)

War ja ein altes, baufälliges Gerümpel, der Turm.

Birnkoch

C'est ça. Uralt. Und baufällig, jawohl. Baufällig. Unbedingt baufällig. Deshalb ist er ja eben eingestürzt.

Anna

Wann ist denn das geschehen?

Birnkoch

Nun ... es mögen drei bis vier Wochen sein. Eher vier. Jawohl. Vier bis fünf Wochen, jawohl.

Anna

Davon hat mir Karl Heinrich kein Wort gesagt ...

Frau von Hänlein

Daß dich das sonderlich interessiert, hat er nicht denken können.

Birnkoch

So wissen Sie auch nicht, daß der Herr Domänenrat sich weigert, mit allen Gründen seiner Amtsgewalt sich weigert, den Turm wieder aufbauen zu lassen?

Anna

Er will ihn nicht wieder aufbauen lassen?

Birnkoch

Une marotte! une marotte inexplicable! Er weigert sich. Die Regierung selbst unterstützt das Verlangen der Bauern. Und er weigert sich. C'est son entêtement.

Anna

Aus welchem Grund will er denn den Turm nicht bauen lassen?

Birnkoch

Parole d'honneur, ich weiß ihn nicht, den Grund. Und wüßt ich ihn, so könnt ich ihn keinesfalls approuvieren. Aber ich bin erfreut, Madame, daß Sie an der Sache solchen Anteil nehmen. Da kann man ja auf Ihre Unterstützung rechnen ...

Frau von Hänlein

Meine Tochter nämlich, Herr Rechnungsrat, hat ihre ganze Jugend dort in Frommetsfelden zugebracht. Sie hat bei ihrem Oheim auf dem Gut gelebt, während ich mit meinem Mann in der Welt herumgezogen bin.

Birnkoch

Verstehe ...

Frau von Hänlein

Da ist ihr natürlich jeder Baum und jeder Stein ans Herz
gewachsen.

Birnkoch

Verstehe. Die Erinnerung. Le souvenir. Verstehe. (Zitiert mit
preziösem Tonfall.)

> Erinnerung taucht ihren Farbenpinsel
> Ins wunde Herz und übermalt den Gram.
> Sie fleucht mit dir auf eine Zauberinsel,
> Wenn das Geschick dir Mut und Freude nahm.

Verstehe.

Frau von Hänlein

Reizend, Herr Rechnungsrat. Haben Sie das selbst gedichtet?

Birnkoch

Nicht ganz. Nicht ganz. Hab's mir aus einer anthologie
kopieren lassen.

(Es klopft, ein kleines Mädchen tritt verschämt ein. Sie trägt einen
Fliederstrauß in der Hand, blickt von einem zum andern, eilt jäh auf Anna zu
und überreicht ihr den Strauß mit einem Knix.)

Birnkoch

Sieh da, sieh da! Flieder schon, im März?

Anna
(erhebt sich; tief errötend)

Von wem ist denn der Flieder, Kind? (Schnell, ehe das Mädchen antworten kann.) Ist schon gut. Ich laß mich recht sehr bedanken. Da hast was für den Zuckerbäcker. (Gibt ihr ein Geldstück; das Mädchen geht.)

Frau von Hänlein

(leise mahnend)

Anna!

Birnkoch

Befinde ich mich in einem erreur, wenn ich annehme, daß Sie den Spender kennen, Frau Domänenrätin?

Anna

(für sich)

Herrlich! Herrlich! (Steckt das ganze Gesicht in den Strauß und atmet mit Inbrunst; flüsternd.) Mein Traum!...

Frau von Hänlein

(am Fenster)

Da kommt der Domänenrat! (Sie winkt hinunter.)

Anna

(stellt die Blumen in eine Vase vor die Spiegelkonsole, betrachtet entzückt die Wirkung).

Frau von Hänlein

Weshalb stellst du denn den Strauß vor'n Spiegel, Anna?

Anna

(ohne sich umzuwenden, lächelnd)

Dann sieht es aus, als ob ich zwei Sträuße hätte.

Birnkoch

C'est drôle! c'est ravissant!

Ritter von Lang

(tritt ein. Er ist ein mittelgroßer, stämmiger Mann mit einer starken, energischen Stimme; sein Gesicht ist der Mode der Zeit gemäß bartlos, sein Wesen hat ein kühnes Selbstbewußtsein wie das eines Menschen, der seinen Wert genau kennt und sich außerdem mit Absicht von andern Beamten, ihrem Servilismus nach oben, ihrer Brutalität nach unten, unterscheiden will)

Guten Morgen, Herr Birnkoch; hab' gestern schon gehört, daß Sie wieder in Ansbach sind. – Bist schon so frühzeitig munter, Anna? (Küßt sie auf die Stirn.) – Woher ist denn der frische Flieder da?

Anna

Daß du's gleich gesehen hast! (Nimmt seine Hand und sieht ihn hell an.) Er hat's gleich gesehen, Mutter.

Frau von Hänlein

Werden vom Hofgärtner aus dem Treibhaus sein ... (Raunt Lang in die Ohren.) Nennen Sie ihn doch nicht Birnkoch, lieber Lang! Wollen Sie ihn auf Lebenszeit zum Feind haben?

Lang

(lacht kurz, dann sehr höflich)

Warten Sie schon lang, Herr Rechnungsrat? Was gibt's? Soll ich die Frauenzimmer fortschicken?

Birnkoch

Beileibe, Herr Domänenrat, beileibe nicht. Die Damen und ich, wir haben uns über den Gegenstand schon ausgesprochen und sind ganz d'accord. Denn Sie müssen nachgeben in der Affäre mit dem närrischen Turm.

Lang

Potz Knackwurst, lieber Birnkoch –

Birnkoch

Aber hochgeschätzter Herr Domänenrat, warum wollen Sie mir nicht meinen sauer verdienten Titul zubilligen?

Lang

Schön, Herr Rechnungsrat. Ich sage nur, wenn Sie einen ganzen Harem von Weibspersonen um mich aufstellen, der Lang gibt nicht nach. In der Sache nicht.

Birnkoch

Es ist der entschiedene Wunsch Seiner Exzellenz, des Ministers Haugwitz –

Lang

Vor allem steht es so, daß ich, in meinem Ressort, Befehle nur vom Fürsten Hardenberg empfange. Es ist mir ja bekannt geworden, daß der Fürst, der mir freundlich gesinnt ist, durch allerlei Kabalen aus seinem Amt gedrängt werden soll, aber eine offizielle Mitteilung habe ich darüber nicht erhalten.

Birnkoch

Seine Exzellenz, der Minister Haugwitz hat über den Fall eine Note abfertigen lassen – (zieht sein Portefeuille.)

Lang

Ihr könnt Noten schmieren, so viel ihr wollt. Das lebendige Bedürfnis spricht anders.

Birnkoch

(bestürzt)

Mon dieu! Sie anerkennen also keine höhere Instanz?

Lang

Instanz? Zu deutsch: Schleichweg. Der Minister Haugwitz
ist von Kreaturen umgeben, die ihren Vorteil suchen.

Birnkoch

Eine solche Verdächtigung muß ich mit aller zukömmlichen
Entschiedenheit repoussieren.

Anna

(zwischen beide tretend, sehr sanft)

Warum soll denn der Turm nicht wieder aufgebaut werden,
Karl Heinrich?

Lang

(barsch)

Misch du dich nicht in die Affären, Kind.

Frau von Hänlein

(nimmt sie am Arm, leise)

Er hat recht. Er muß wissen, was er tut.

Lang

Ist dem Minister auch wahrheitsgemäß angegeben worden,
was der Wiederaufbau des Turmes kostet?

Birnkoch

(in seinen Papieren blätternd)

Der Baurat Österlein hat vierhundert Gulden in
Voranschlag gebracht.

Lang

Dann ist der Baurat Österlein ein ganz gemeiner
Schwindler, der einen Auftrag will und eine Versprechung

100

leistet, die er nicht halten kann. Das sag ich ihm auf den Kopf zu.

Birnkoch

Sie erschrecken mich, Herr Domänenrat –

Lang

Das Vierfache reicht nicht hin. Aus meinen genauen Berechnungen geht hervor, daß bei aller Sparsamkeit achtzehnhundert bis zweitausend Gulden nötig sind.

Birnkoch

Eh bien, wenn die Bauern dafür aufkommen wollen und die Regierung einen Beitrag gibt –?

Lang

Die Bauern, die sich ohnehin unterm Steuerdruck winden? Und die Regierung, die kann das teure Geld förderlicher verwenden.

Birnkoch
(spitz und kalt)

Inwiefern förderlicher, wenn ich bitten darf?

Lang

Herr, in Frommetsfelden ist keine Schule!

Birnkoch
(heuchlerisch bekümmert)

Ei, ei, ei ...

Lang

Bei Regen, bei Frost, im tiefsten Schnee müssen die Kinder

zwei Stunden laufen, um in die nächste Schule zu gelangen. Die Folge? Weitaus die meisten Eltern behalten ihre Sprößlinge zu Haus und erziehen dem Staat Analphabeten. Ich will Ihnen eine Schule bauen für das Geld, das der Turm kosten würde.

Birnkoch

Unter uns, – finden Sie denn diese sogenannte Bildung wirklich so notwendig für das Volk? Durch jeden Bauern, der lesen und schreiben kann, wird uns das Regieren schwerer gemacht.

Lang

Meine Ambition ist nicht, den Herrschaften das Regieren zu erleichtern. Was ihr gern seht, das ist eine möglichst große Armee von Nullen. Und jede Null soll zugleich ein Geldsack sein, ein Ding jedenfalls ohne Kopf und ohne Füße, und wenn ihr diese ganze Nullenkarawane gemächlich vor euch hinrollt, das nennt ihr dann regieren.

Birnkoch
(entsetzt)

Mais, monsieur! Ce sont des idées revolutionaires!

Lang

Das ist meine Ansicht.

Birnkoch
(dem nicht mehr ganz geheuer ist)

Aber ... ich meine ... wenn wo ein Turm einstürzt ... wenn überhaupt wo was einstürzt, muß man's doch wieder aufbauen.

Lang

Ich bin dafür, daß man Ruinen wegräumt und nicht neue schafft.

Birnkoch

(rafft sich auf; würdevoll)

Sohin ist meine Mission beendet. Ich werde nicht ermangeln, höheren Orts Bericht zu erstatten.

Lang

Das bleibt Ihnen unbenommen.

Birnkoch

Ich habe in der leidigen Angelegenheit um elf Uhr noch eine conférence mit dem Herrn Präsidenten von Schuckmann –

Lang

Weiß schon. Der Präsident hat mich dazu gebeten. Man zwickt und zwackt mich von allen Seiten. In einer halben Stunde komm' ich hinüber. Habe vorher noch ein Referat zu erledigen. (Verbirgt mühsam seinen Ärger und begibt sich, nach einem kurzen Kompliment, unhöflicherweise sogleich an seinen Schreibtisch.)

Birnkoch

Mesdames, meine ehrerbietigste Empfehlung.

Frau von Hänlein

(macht bedauernde Gesten, um Lang zu entschuldigen, und begleitet Birnkoch. Ehe noch die Tür ganz geschlossen ist, hört man von draußen)

Birnkochs Stimme

Seien Sie versichert, Madame, daran ist der Bonaparte schuld. Der Bonaparte sitzt ihm im Nacken. Schade, jammerschade ...

Lang

(horcht auf, lacht vor sich hin, während er schreibt)

Der Bonaparte muß allen Faulenzern den Wauwau machen.
(Schreibt.) Aber sein Französisch reden sie. (Schreibt.) Und
miserabel noch dazu.

Anna

(hat sich vorsichtig genähert und schaut Lang über die Schulter. Sie schüttelt
den Kopf, als ob sie sagen wollte: er spürt mich nicht. Endlich legt sie ihm die
Hände auf die Schultern).

Lang

Was gibt's denn, Anna? (Schreibt weiter.)

Anna

Hast du nicht ein Minütchen Zeit für mich?

Lang

(ein bißchen ungeduldig)

Sag nur, was du willst. Ich bin ja beschäftigt, wie du siehst.

Anna

(schweigt, entfernt sich seufzend).

Lang

(schreibt)

Na sag's nur, aber geschwind.

Anna

Manche Dinge kann man nicht geschwind sagen.

Lang

Dann sind's gewiß überflüssige Dinge.

Anna

(nähert sich von neuem, neigt sich über ihn; mit einem Versuch zur
Koketterie)

Weißt, von wem ich den Flieder hab'?

Lang

(stockt; kleine Pause, scheinbar gleichgültig)

Von wem ... vom Leutnant Schlözer natürlich.

Anna

Falsch geraten. Nein, richtig geraten. Ist's nicht nett von
ihm? Er weiß, daß mich Blumen ganz toll machen vor
Freude. (Naiv.) Aber das blaue Seidenkleid, das du mir vom
Baron Imhoff aus Paris hast bringen lassen, ist
wunderschön.

Lang

(schreibt wieder)

Sollst es tragen, wenn der Fürst kommt.

Anna

Das dauert bis zum Herbst.

Lang

Bis dahin wird's nicht altmodisch.

Anna

Ob ich aber dann noch lebe ...

Lang

(kehrt sich rasch um)

Anna!

Anna

Flieder, der verwelkt von heut auf morgen. Der ist für den Augenblick. So ein Kleid, das soll täuschen über den Augenblick.

Lang

Du quälst dich mit Hirngespinsten und mich nicht minder.

Anna

Hirngespinste? Das Hirn spinnt, was das Herz bewegt.

Lang

(steht auf)

Du darfst mir nicht den Boden unter den Füßen wegziehen, Anneli. Gegen Menschen kann ich streiten, gegen Schatten nicht.

Anna

(verzagt, sieht ihn groß an)

Mir ist so bang.

Lang

Weshalb denn, Anna?

Anna

Um dich, um mich, um uns beide ist mir bang. Ich seh dich oft gar nicht. Du bist so fern, auch jetzt, wo du vor mir stehst. Und ich weiß, du siehst mich auch nicht. Mir ist, als ob wir zwei Blinde wären, die vergeblich mit den Händen nacheinander greifen. Du bist so tüchtig, so fest, so klug, aber es ist was in dir, was mich schreckt. Ganz, ganz nahe möcht ich oft zu dir und kann nicht, wie wenn einem das eigene Haus zugesperrt wär'.

Lang

(kopfschüttelnd, doch heimlich erleichtert)

Schau, schau, was für eine kleine Schwärmerin du bist!

Anna

(verletzt)

Nein, Karl Heinrich, wirf's nicht mit einem Wort von dir. Bist doch sonst ein Feind von denen, die sich's bequem machen. Mich sollst du dir auch nicht bequem machen.

Lang

(ablehnend)

Ich versteh dich nicht, Kind. Mir ist das alles Spiel, was du vorbringst. Zum Spielen ist mir der Tag zu wert. (Will sich wieder zur Arbeit setzen.)

Anna

(schmiegt sich an ihn, mit einem jähen Entschluß, bittend)

Schenk mir den Turm, Karl Heinrich!

Lang

(verwundert)

Den Turm? Was für einen Turm?

Anna

Den Turm in Frommetsfelden.

Lang

Was soll das heißen? – Der Turm ist ja eingestürzt.

Anna

(leidenschaftlich schmeichelnd)

So bau ihn wieder auf! Bau ihn! Für mich!

Lang

(ruhig)

Solchen Unsinn kannst du von mir im Ernst nicht verlangen.

Anna

(beteuernd)

Im tiefen, heiligen Ernst. Ist kein Unsinn, Karl Heinrich; ist ein Wunsch, nur ein Wunsch.

Lang

Den ich unmöglich erfüllen kann; oder ich würde mich zum Windbeutel machen. Denk doch nach –

Anna

Denk ich nach, kann ich den Wunsch nicht mehr so spüren.

Lang

Nun also!

Anna

Wünschen ist stärker als denken. Du nennst's vielleicht eine Laune.

Lang

Eine üble noch dazu.

Anna

(ruhiger)

Schau, der Turm war mir immer was Ehrwürdiges, das zum Himmel lockt. So stolz und wacker ist er gestanden, so fest und alt ins Firmament hineingegossen, und so unvergänglich, weißt du, als stünd' er von Anbeginn der

Welt bis zum Ende. Wenn ich als Kind nachts vom Schlaf erwacht bin, hab ich die Glocke gehört; dumpf und schwer und mächtig langsam und so wohllautend wie des Herrgotts Stimme selber. Wie Zeit und Ewigkeit hat's da zusammengeklungen, zwischen Schlag und Schlag war ein ganzes Leben, gute Träume, böse Träume, und die Nacht ist so groß geworden, und der Tag so fern ... Aber wär's nur darum, so wär's am Ende wirklich Laune. Darum ist's aber nicht.

Lang

So erklär dich deutlicher.

Anna

Ach, daß du's nicht begreifst, daß du's nicht ahndest!

Lang

Und daß auch du mir's noch schwer machst, Anna, auch du! Bin ich denn nicht wie der böse Feind dahier geachtet? Jede Handlung, die dem gemeinen Wesen zugute kommen soll, braucht zwanzig Schreibereien. Wohin du blickst, die ärgsten Mißbräuche, Zehrungen und Unterschleife. Was an Steuern dem armen Volk erpreßt wird, geht für die Zeche der Herren auf. Meinst du, ich könnte nicht gleichfalls so ein Diätenfresser sein? Und sparte mir die Galle dabei. Was für Zustände, Anna! Davon hast du ja keinen Begriff! Im Alumneninstitut des Gymnasiums lauter feuchte, ungeheizte Stuben, wo die schamlos vernachlässigten Schüler öffentlichen und heimlichen Sünden frönen. Dabei muß man alljährlich das Geld aufborgen, um nur den Kostwirt bezahlen zu können. Im Waisenhaus sind den Kindern vor lauter Krätze und englischer Krankheit Hände und Füße gebogen und die Köpfe aufgeschwollen. In der elenden Baracke, genannt Seelhaus und Lazarett, liegen scheußliche Gestalten halbnackt auf muffigem Stroh. Fragt man: wo ist das Geld? Es ist nicht da. Es ist aber doch dafür bestimmt worden –? Ja, es ist aber nicht da. Keiner hält stand, keinen kannst du beim Schlafittich packen; alle, die davon fett werden, daß nichts geschieht, spritzen dir ihr Gift ins Gesicht, bei jeder nützlichen Anordnung setzen sich die Magistrate selbst entgegen; hinter denen stecken wieder die Verwalter, die Advokaten, die Gutsbesitzer, die Latifundienräuber, die Bevollmächtigten der Regierung, und so geschieht's, daß ich im ganzen Land als unbarmherziger Mann verschrien bin, und daß man mich durch Appelle und Eingaben und Rekurse und Beschwerden und Ränke und Quertreibereien ermüden und zurückhalten will. Und nun kommst du auch noch und nagst an mir.

Anna

Ich seh's wohl ein; Grund und Recht sind auf deiner Seite, und als gute Frau dürft ich nicht zuwiderstimmen. Mein Grund ist unaussprechlich und liegt vielleicht nur in meinen Augen; nur in meinem Blick, wenn er deinem begegnet. Sieh mich an, Karl Heinrich! Ist's Lüge, dann ist alles Lüge, was mich zu dir treibt. Denk, es ist ein Gebet. Oder denk, es ist eine Krankheit in dir, die du selber nicht kennst, und du mußt sie durch einen bittern Trunk heilen.

Lang

Ich kann dir nicht helfen, Anna. Der Frommetsfelder Turm darf mir nicht gebaut werden, so lang ich hier im Amt bin.

Anna

(wendet sich weg, läßt die Arme schlaff fallen und den Kopf tief sinken).

Lang

Ist mir leid um dich, Anneli, denn in deinem Begehren ist

was, das mir wie freventlicher Übermut erscheint. Zart bist du beschaffen, aber es ist was Verwegenes in dir, und wollt ich mich dem fügen, so wär' ich geliefert für alle Zeit. Ihr Weiber habt oft so eine spindeldürre Phantastik in euerm Kopf; wenn man sich davon einfangen läßt, geht's einem wie Simson, dem Propheten.

Anna

(geht langsam gegen die Türe links, zögert noch vor der Schwelle, dann ab).

Lang

(wandert unruhig hin und her)

Ist ein feines Geschöpflein, und kann sich nicht abfinden mit ihrem begehrlichen Gemüt. Nährst du's, frißt's dich auf. Mußt es ziehen lassen, als ob's ne Wolke wär'. Die eine Wolke könnt ich ja vertragen, wird nicht gleich Blitz und Donnerwetter geben. Eheweisheit ist ein ander Ding denn Amtsweisheit. (Schaut auf die Uhr.) Die Zeit ist mir schon wieder davongelaufen. (Wie er zur Tür will, klopft es.) Herein!

Leutnant Amandus Schlözer

(tritt von rechts an. Er ist einundzwanzig Jahre alt, sehr schlank, mit einem gut markierten, charaktervollen Gesicht und Augen, in denen sich der Romantiker verrät. Sein Betragen schwankt zwischen Schüchternheit und soldatischer Offenheit und Kürze. Er trägt die preußische Infanterieuniform)

Verzeihung, Herr Domänenrat, wenn ich Sie störe – (Verbeugt sich, grüßt militärisch.)

Lang

(flüchtig)

Guten Morgen, Herr Leutnant. Ich weiß nicht, ob meine Frau Sie empfangen kann ...

Schlözer

Ich möchte, Herr Domänenrat, wenn ich Sie nicht von

111

dringenden Geschäften zurückhalte, ein paar Worte mit
Ihnen allein –

Lang

(stirnrunzelnd)

Ich habe allerdings ... ich werde beim Präsidenten erwartet
... Womit kann ich Ihnen dienen, Herr Leutnant? Wollen Sie
Platz nehmen?

Schlözer

Merci. (Bleibt stehen.) Ich wollte Ihnen nur sagen, Herr
Domänenrat ... es ist etwas in mir, was mich zwingt, Ihnen
diese Mitteilung zu machen, ... daß ich abzureisen genötigt
bin.

Lang

(leichthin, jedoch etwas aufmerksamer)

Wirklich, Herr Leutnant? Sind es Gründe privater Natur,
die einen so raschen Entschluß hervorgerufen haben?

Schlözer

(gepreßt)

Ja. Gründe von der dringendsten Beschaffenheit. Mein
Urlaubsgesuch ist bereits bewilligt. Die Postpferde sind
bestellt.

Lang

(konventionell)

Es tut mir leid, Herr Leutnant. Wir hatten gehofft, Sie
länger hier halten zu können. Freilich, – die Provinz.

Schlözer

(mit festem Blick)

Dies ist es nicht, Herr Domänenrat. Es ist schwer zu sagen

112

... doch kam ich deshalb her ... und so sei es gesagt: Herr Domänenrat, ich liebe Ihre Frau.

Lang

(sieht ihn schweigend an; dann mit starker Überwindung)

Das nennt man ohne Umstände deutlich sein. (Kalt.) Ich beklage diese Fatalität, Herr Leutnant, doch überschätzen Sie vielleicht ihre Tragweite für mich, – wenn Sie deswegen Postpferde bestellt haben.

Schlözer

(ohne sich zu regen)

Würden Sie mir eine solche Antwort auch geben, wenn Ihre Frau meine Abreise nicht ganz so teilnahmslos betrachten würde?

Lang

(brüsk)

Herr Leutnant, meine Frau ist über jede Insinuation erhaben.

Schlözer

(verbeugt sich)

Ich weiß es.

Lang

Warum gleich Postpferde bestellen, Herr Leutnant? Und wenn Postpferde bestellt sind, warum sie zur Parade tanzen lassen? Soll ich das Almosen einer Entsagung mit Dank quittieren? Soll ich bewundern, wo ich kaum bedauern kann? (Ernst und mit Bedeutung.) Der ehrt sich selbst und seine Freunde, der durch Schweigen unerfüllbare Wünsche beschwichtigt.

Schlözer

Ich glaubte Ihnen, in dessen Haus ich Gastfreundschaft genossen habe, eine Erklärung schuldig zu sein.

Lang

Sie verpflichtet mich zu keinem Dank. Wenn Sie für sich fürchten, Herr Leutnant, Sie für Ihre Person und Ihre Ehre sage ich, dann nehmen Sie Postpferde.

Schlözer

(mit zu Boden gekehrtem Blick)

Ich reise, Herr Domänenrat.

Lang

So wünsch ich glückliche Fahrt. – Vermutlich werden Sie sich von meiner Frau verabschieden wollen. (Auf eine Bewegung Schlözers.) Bitte, Herr Leutnant, meine Frau wäre gewiß verletzt, wenn Sie ohne Gruß von ihr scheiden würden. Ich werde draußen sagen lassen, daß Sie hier warten. Ich selbst muß Sie leider verlassen. (Mit stummem Gruß nach rechts ab.)

Schlözer

(blickt düster vor sich hin. Er gewahrt den Fliederstrauß, eilt hin, nimmt ihn in die Hand und drückt seine Lippen in die Blumen. Dann läßt er das Bukett fallen, wie von einem hoffnungslosen Gedanken erstarrt)

Er schickt sie zu mir! Kein Zweifel ist in ihm, kein Zweifel!

Anna

(von links)

Guten Morgen, Amandus. War nicht Lang eben hier?

Schlözer

(zu ihr, küßt ihr die Hand)

114

Teure Anna, wie blaß Sie heute aussehen ...

Anna

(abweisend)

Dies Betragen lieb ich nicht an Ihnen, Amandus. Sie wissen es. Mein Mann ist fortgegangen?

Schlözer

Er sagte, er wolle Ihnen Nachricht geben, daß ich warte.

Anna

(mit verlorenem Blick)

Und ist fortgegangen. (Rafft sich zusammen.) Ich habe Sie doch gebeten, Amandus, daß Sie am Vormittag nicht kommen möchten. (Sie setzt sich, Schlözer nimmt ihr gegenüber Platz.)

Schlözer

Es ist das letzte Mal, Anna. Ich kann den Gedanken, daß Sie in meiner Nähe weilen, nicht länger ertragen. Ich kann nicht länger in den Nächten liegen und mit lebendig-offenen Augen träumen, was mir das Herz verbrennt. Ich kann's nicht länger, und ich komme nun, um Ihnen Lebewohl zu sagen.

Anna

(versonnen)

Ich hatt' es erwartet. Sie reisen also. Und wohin reisen Sie?

Schlözer

Die Erde dreht sich, und ich fühle mich so schwunglos; heruntergestürzt und in den Boden gewühlt wie in ein Grab. – Wohin ich reise? Es gibt bald Krieg, Anna. Wenn mein König keine Verwendung für mich hat, wird Bonaparte wissen, wie ein Mann zu brauchen ist, dem das

Leben nichts mehr gilt.

Anna

(aufschreckend)

Haben Sie mit Lang gesprochen?

Schlözer

War es mein Schmerz oder war es das Bedürfnis, daß es
zwischen mir und ihm zum Ausgleich kommt; daß er es
wissen möge, daß er Sie hüten möge, Anna, wie das
kostbarste Kleinod der Welt, – ich weiß nicht mehr warum,
nennen Sie es eine Verfinsterung meines Herzens, – ich habe
ihm gesagt, wie es um mich beschaffen ist und weshalb ich
gehe.

Anna

(grüblerisch)

Das haben Sie ihm gesagt? Wie seltsam! Und er?

Schlözer

Er! Er war kalt und überlegen.

Anna

(wie oben)

Und er sagte, er wolle mir Nachricht geben lassen, daß Sie
warten. Wie seltsam ...

Schlözer

Als ob keine Faser in Ihnen wäre, die ohne seinen Willen
sich regte.

Anna

(wie oben)

Vielleicht vertraut er mir so.

Schlözer

Und dies Vertrauen sollte Sie nicht ein wenig kränken, teure Anna? Ist denn Liebe etwas so Unzweifelbares, daß sie einmal beschworen, jedem Feuer stand hält? Ist denn das noch Liebe, die so ruhig, so stumm, so satt werden darf?

Anna

Wie würden Sie gehandelt haben, Amandus, wenn ein Mann Ihnen ein solches Geständnis gemacht hätte?

Schlözer

Wie ich gehandelt hätte, weiß ich nicht. Vielleicht hätte ich den Mann erdolcht. Vielleicht hätte ich ihn in die Arme geschlossen. Wer aber darf so übermenschlich sich gebärden, daß er nichts wissen will von den Gewalten, die seiner Sicherheit ein Ziel setzen könnten? Ach, Anna, wenn! – wenn! Ich würde hinschmelzen unter jedem Blick und jedem Lächeln.

Anna

(kopfschüttelnd)

Nein, Amandus, das Hinschmelzen, das ist das Wichtige nicht. Wichtig ist, daß man nie einander vergißt. Daß man immer geborgen ist im andern, daß er die Gedanken hält und kennt, daß er die Wünsche weiß und jeden recht versteht, denn es ist eine Qual, zu reden, wenn man wünscht. Daß man nicht ein Opfer wird von einer Stunde, wo aufs Ungefähr das Blut stürmt und man dann zur schalen Erinnerung wird in den Geschäften des Lebens. Da wird alles kalt in einem.

Schlözer

Alles ist fremd ohne Zärtlichkeit, fremd und zufällig.

Anna

Ja, Zärtlichkeit, das ist es. Ohne Zärtlichkeit wird Liebe sündhaft. Zärtlichkeit ist wie ein treuer Hund am Herd, der nie den Herrn verkennt.

Schlözer

Ich weiß es seit langem, Anna, daß Sie nicht glücklich sind.

Anna

Glücklich! Ich bin noch vor dem Glück vielleicht und hab Angst, daß es vorübergeht, ohne daß ich weiß, was es ist. Ich möcht' es ausgraben wo und kenn' den Ort nicht, wo es liegt. – Wenn Sie mein Mann wären, Amandus, und Lang käm' ins Haus, so wie Sie kommen, und Sie würden dazu schweigen und ich wüßte nicht, schweigen Sie aus Großmut oder aus Nachlässigkeit, die Unruh' würde mir das Herz abdrücken. Und schwiegen Sie aus Nachlässigkeit, und ich wüßt' es, so wär alles vorbei. Aber auch wenn Sie eifersüchtig wären und es zeigten, wär alles vorbei, denn ist ein Mann eifersüchtig, so achtet er sich selbst nicht oder die Frau nicht. – Wir müssen uns jetzt trennen, Amandus. (Sie steht auf.)

Schlözer
(zu ihr)

So gilt's denn. Es wird Nacht in meinem Leben.

Anna
(verloren und wie zu sich selbst; schmerzlich)

Der Turm, Amandus, wird nicht gebaut. Mein Turm wird nicht gebaut.

Schlözer

Der Turm –?

Anna

Ach, wundern Sie sich nicht. Ich schwatze wohl zu viel. –
Zu welcher Stunde wollen Sie denn fort?

Schlözer

Zwischen zwölf und ein Uhr denk' ich.

Anna

Und wohin?

Schlözer

Gen Würzburg geht die Fahrt.

Anna

(wie aus einem Traum)

Wenn ich mitginge ... wenn ich mitginge ...

Schlözer

(leidenschaftlich, packt ihre Hände)

Anna! –

Anna

(lächelnd und verstört)

Tu' ich den Schleier ums Gesicht, erkennt mich niemand ...

Schlözer

(außer sich)

Ich lass' den Wagen beim Mauthaus auf der Chaussee
warten. Ich laß ihn bis zum Abend warten, wenn Sie
wollen!

Anna

(leise)

Wie er's tragen wird? Ob's ihn wandeln wird ... (Schlözer mit der Linken von sich abhaltend.) Ja, warten Sie, Amandus. Beim Mauthaus zwischen zwölf und eins. Nur dies noch, – Sie sind mein Ritter. Nicht fragen werden Sie, mich nicht bedrängen ... (Hastig.) Nein, nein, nicht reden jetzt. Beim Mauthaus zwischen zwölf und eins ... Geh ich den Feldweg, sieht mich niemand. Gehen Sie, Amandus. Nichts reden! (Sie legt den Finger auf den Mund.)

Schlözer

(geht wie ein Schlafwandler mit zurückgekehrtem Gesicht zur Tür).

Anna

Nichts reden ...

Schlözer

(mit einer trunkenen Bewegung ab. Während die Tür offen ist, hört man vom Flur die Stimmen der Bauern).

Anna

(steht entgeistert mit geschlossenen Augen).

Frau von Hänlein

(kommt)

Da draußen sind die Frommetsfeldner Bauern. Wollen beim Domänenrat petitionieren wegen ihres Turmes ... Um Gott, Kind, – wie siehst du aus?

Anna

Nichts, Mutter, es ist nichts. (Ab nach links.)

Frau von Hänlein

(schaut ihr nach)

Da ist was nicht rund in der Welt, sollt' mich dünken. Der Schlözer ist mir auch ganz rabiat vorgekommen ... Als ob einer vom Wein aufsteht und durch die Wand steigen will. Kind! Kind!...

Bärbel

(kommt)

Könna die Bauersleit' da herinnet wart'n?

Frau von Hänlein

Ja, laß sie nur herein. Der Domänenrat muß gleich kommen. Die Leute sagen ja, sie hätten ihn unterwegs schon getroffen. Ich will mich nach der jungen Frau umschauen. (Links ab.)

Bärbel

(nach draußen)

No, spaziert nur da 'rein! (Es kommen der Ringhofbauer, der Erlhofbauer, der Waldhofbauer, und zwei andere Bauern. Alle tragen die urtümliche fränkische Bauerntracht: silberne Knöpfe an den blauen Westen, schwarze Jacken, schwarze Hosen in hohen Stiefeln, schwarze Zipfelmützen. Sie drücken sich scheu und ehrfürchtig herein, bleiben regungslos stehen.)

Bärbel

Derft euch au' niedersetzen. (Ab, läßt die Tür offen.)

Der Ringhofbauer

Joo ... (Sie bleiben stehen.)

Der Erlhofbauer

Wer soll'n reden?

Der Ringhofbauer

I wer' scho reden.

Der Waldhofbauer

Was werst'n sog'n?

Der Ringhofbauer

I wer scho was sog'n. (Es kommen Lang und der Kammerdirektor
Mühlbach, ein älterer, würdiger Herr.)

Kammerdirektor

Ich hab's Ihnen gleich gesagt: der Präsident ist in dieser
Sache machtlos.

Lang

Niemand hat den Mut, für das Notwendige sich
einzusetzen, wenn er gleich die Vernunft hat, es zu sehen.
Es ist ein Höllenzirkel.

Kammerdirektor

Da haben Sie Ihre Bauern ...

Lang

Ja. Und morgen werden die Pfarrer kommen, und
übermorgen die Küster.

Kammerdirektor

Der Präsident hat nicht so unrecht, wenn er meint, daß das
Wegschaffen des Turms gleichsam eine capitis deminutio
sein würde.

Lang

Das Corpus juris wird maulfeil, wo das gesunde Gefühl
revoltiert. Bin ich schwächer hier als Stumpfsinn und böser
Wille, dann kenn ich meinen Weg.

Kammerdirektor

Aber Lang! Lang!

Lang

(zu den Bauern)

Hört mich an, ihr Leute! Wenn ihr einen Webstuhl habt, und der zerbricht, dann werdet ihr euch einen neuen Webstuhl anschaffen. Nicht wahr?

Die Bauern

Joo ... joo ...

Lang

Und wenn euch ein alter Hofhund krepiert, dann werdet ihr euch nach einem andern, einem jungen Hofhund umsehen. Ist's so?

Die Bauern

Joo ... joo ...

Lang

Wenn euch aber ein Haus abbrennt, das auf einem vom Wasser unterhöhlten und durchweichten Grund gestanden ist, werdet ihr dann das Haus auf demselben Grund wieder aufbauen? Sagt mir eure Meinung. Frisch heraus!

Die Bauern

Naa ... naa ...

Ringhofbauer

Das wöll'n mer nit ton. Naa ... naa ... (Er nickt den andern verständnisinnig zu, als sollten sie seine Beredsamkeit bestaunen.)

Lang

Und wenn auf euerm Acker ein großer Baum steht, der dem Getreide Licht und Sonne nimmt, den ihr aber nicht umhauen wollt, weil er dort seit Menschengedenken wächst, und der Baum bricht nun eines Tages, weil er krank ist, oder der Blitz haut ihn zu Boden, werdet ihr da nicht froh sein, daß er weg ist?

Die Bauern

Joo ... joo ...

Lang

Oder werdet ihr ihn von neuem in die Erde stecken?

Die Bauern

Naa ... naa ...

Ringhofbauer

Des tenna mer nit, Herr Råt! (Wie oben.)

Lang

Nun also! (Der Schreiber Kasteljack, ein dürrer, langer, fusliger, schattenhafter Mensch, kommt schüchtern und eilig getrippelt, hat ein amtliches Dokument in der Hand.)

Lang

(unwirsch)

Was gibt's, Kasteljack?

Kasteljack

(asthmatisch)

Herr Domänenrat ... (hüstelt) das Gesuch an die Regierung wegen Nichtwiederaufbaus des Frommetsfeldner Turms ... (Greift sich an die Brust, hüstelt.)

124

Lang

Hurtig, hurtig, Mensch! (Entreißt ihm den Bogen.)

Kasteljack

... ist leider diesen Morgen als unerledigbar ... unerledig ... lich ... zurückgekommen.

Lang

(mit verbissenem Grimm)

Und der Grund?

Kasteljack

Eine Formalität, Herr Domänenrat ...

Lang

Was für eine Formalität?

Kasteljack

Der Submissionsstrich fehlt.

Lang

Der – Submissionsstrich?

Kammerdirektor

Der Submissionsstrich?

Kasteljack

Ja. Es ist dies eine wichtige amtliche Formalität. (Hüstelt.) Die Vorschrift lautet, daß zwischen dem Text des Gesuches oder des Referats oder des Ausweises oder des Testimoniums ... daß zwischen dem Text und der Unterschrift des betreffenden Herrn Referenten oder Berichterstatters ein dicker, gerader, deutlicher Strich gezogen werde. Diesen Strich nennen wir den Submissionsstrich.

Kammerdirektor

Ja. 's ist wahr, eine ganz zweifellose Institution, die Sie doch kennen müssen, Lang.

Lang

Ich kenne sie. Jetzt kenn ich sie. Mit einem Wort: diese Unterlassung bedeutet zwei bis drei Monate Aufschub. Der Submissionsstrich soll das Seil werden, auf dem man mich tanzen lassen will. Oder der Balken, mit dem man mir um die Füße schlägt. (Er eilt zum Schreibtisch und zieht in größter Hast mit Bleistift und Lineal Striche auf einem großen Bogen Papier.) So werden hierzuland die Männer traktiert und die wahren Interessen schachmatt gemacht. (Kehrt zu Kasteljack zurück.) Hier, Kasteljack. Da ist ein ganzer Schreibebogen, reichlich versehen mit Submissionsstrichen. Schicken Sie den Bogen an die betreffende Kanzlei der Regierung, ich lasse submissest ersuchen, in einschlägigen Fällen sich aus diesem Vorrat von Submissionsstrichen bedienen zu wollen.

Kasteljack

Aber ...

Lang

Kein Aber. Tun Sie, was ich Ihnen befehle. Es ist Ernst.

(Kasteljack unter Bücklingen rückwärtsgehend ab.)

Kammerdirektor

Sie werden sich's mit der hohen Regierung gründlich verderben, lieber Lang.

Lang

Die und ich, wir können nicht in derselben Küche unser Fleisch kochen. Ihres schmeckt mir ranzig und meins ist ihnen zu zähe. Verderben! Ich mit ihnen verderben! Ich hab' ihnen gedient, wie einer, der's redlich meint. Sie haben mich bezahlt wie einen, der schon betrogen hat. Wer sein Schäfchen ins Trockene bringt, erregt ihnen keinen Argwohn, wer sich mausig macht und ihre verstaubten Litaneien überhört, den legen sie nackt in die Sonne und salben ihn mit dem Öl ihrer Schikanen, daß das Ungeziefer über ihn kommt.

Kammerdirektor

Lang! Lang! mäßigen Sie sich doch.

Lang

Ich bin am Ende meiner Fassung. Wenn man zusehen muß, daß alle Quellen hämisch verstopft werden und die Menschheit verdurstet. Daß die Früchte wachsen, um zu verfaulen. Große Männer Großes richten, um Popanze zu werden für die Phrasendrechsler. Verderb ich mir's mit ihnen, steht's desto besser zwischen mir und meinem Gewissen. (Zu den Bauern, die unterdessen heimlich gewispert haben.) Nun, ihr Leute! Der Baum, von dem ich euch da gesprochen habe, vergleichsweise, versteht mich wohl, der Baum ist euer alter, unnützer Turm. Was wollt ihr beginnen mit einem Turm? Könnt ihr ihn als Heuschober brauchen? Nein. Könnt ihr drinnen wohnen? Nein. Wollt ihr drinnen beten? Nein. War er besonders schön von Ansehen? Nein. Es war nichts in ihm oder an ihm, was euch hätte ergötzen oder fördern können. Und doch wollt ihr ihn wieder aufrichten. Warum?

Erlhofbauer

Mer war's halt so g'wöhnt, Gnaden Herr Råt.

Waldhofbauer

's wär a Schand, Gnaden Herr Råt.

Lang

Die Schande will ich euch auswetzen. Ich bau euch ein Schulhaus, das wird ein wahrer Staat sein. Seht, das ist eine Aussaat, von der ihr eine gute Ernte einheimsen könnt. Profitiert ihr nicht mehr davon, so profitieren eure Kinder, die Söhne und die Töchter. 's ist, wie wenn man Kälber auf eine fette Weide treibt. Da wächst euch kein habergasiges Vieh heran, das sich seiner Haut schämen muß, sondern ein edler Schlag. Der Bauer hat nicht nötig, sein Licht unter den Scheffel zu stellen. Mit dem Wissen ist's eine eigene Sache und, glaubt mir's oder glaubt mir's nicht, wenn ihr eure

Kinder was lernen laßt, werden eure Mühlen besseres Korn zu mahlen haben.

Ringhofbauer

Da hab'n mer alles nichts dageg'n, Herr Råt; aber um unsern Turm woll'n mer halt fleißig gebeten hab'n.

Lang

Holzköpfe! (Verzweifelt zum Kammerdirektor.) Das ganze Ding gleicht einem Gänsespiel, wo man sich schon nah am Ziel glaubt, und durch einen mißglückten Wurf von einem umgekehrten Schnabel zum andern wieder zum ersten Anfang zurückgewiesen wird.

Kammerdirektor

Ich wußt es vorher.

Frau von Hänlein

(kommt mit einem Brief, von rechts).

Lang

Doch laß' ich nicht nach, und wenn's ein Jahr meines Lebens kostet.

Frau von Hänlein

Da ist ein Brief an Sie gekommen, Lang.

Lang

Das Siegel sollt ich kennen. 's ist vom Fürsten Hardenberg. (Er bricht den Brief auf und liest; seine Miene verzerrt sich sichtlich, er wirft das Schreiben mit einem Laut des Schmerzes und der Wut zur Erde und schlägt die Fäuste vor die Augen.)

Frau von Hänlein

(erschrocken)

Lang!

Lang

Geht mir aus den Augen! Geht! Fort ihr alle! – Auch er!
auch er! – Nichts richten können! nichts vollenden können!

Frau von Hänlein

Aber Lang, sein Sie doch vernünftig! (Sie hebt den Brief auf.)

Lang

(entreißt ihn ihr)

Sehen Sie, Mühlbach, – hören Sie! (Liest im Tiefsten erregt, mit
zusammengebissenen Zähnen.) »Die gegnerischen Umtriebe sind so
mächtig geworden, lieber Lang, daß ich Sie in Ihrem wie in
meinem Interesse bitten muß, die fragliche Affäre mit dem
unglückseligen Turm fallen zu lassen. Sie wissen, welchen
Anteil ich an Ihren Bestrebungen nehme, ich kenne die edle
Selbstlosigkeit, mit der Sie allem hingegeben sind, was Sie
für recht und förderlich erkannt haben, aber das Tüchtige
läßt sich auf vielen Wegen durchsetzen,« – so spricht Er! Er!
So haben sie ihn zu Brei gemacht! Das Tüchtige auf vielen
Wegen! – (Liest.) »Stehen Sie ab vom Unerreichbaren und
wirken Sie im Möglichen« – nichts da, von Gnadenbrot will
der Lang nichts wissen, – (Liest.) »Ich war gezwungen, die
einschlägigen Akten einem anderen Referenten zu
übertragen« – (Wirft wie von Ekel erfaßt das Papier von sich.)

Kammerdirektor

Ich finde das Schreiben Seiner Exzellenz äußerst würdig
und schmeichelhaft, lieber Lang ...

Lang

(scheinbar gefaßt)

130

Ja. Das ist es. Ohne Zweifel. Einem andern Referenten. Einem, der biegsam ist und Ja und Amen sagt. Gönnen Sie mir jetzt eine Stunde der Ruhe und Überlegung, lieber Mühlbach. Ich habe heute noch mancherlei zu tun, denn morgen mit dem Frühesten werde ich meine Bestallung per Extrapost an die Regierung zurücksenden.

Frau von Hänlein

Lang!

Kammerdirektor

(macht beschwörende Gesten).

Lang

Lassen Sie nur, Mühlbach. Ich weiß, Sie haben die beste Meinung von mir. Aber das kann jetzt nichts nützen. Gott befohlen, ihr Leute. Gehn Sie nur, Mutter. Adieu, lieber Mühlbach. (Die Bauern, der Kammerdirektor und Frau von Hänlein ab. Lang prüft, ob die Türe zu ist, geht dann zum Schreibtisch, läßt sich nieder und stützt den Kopf in die Hand. Sein Gesicht hat einen tief verbitterten und tief erschöpften Ausdruck.)

Anna

(kommt von links. Sie ist zum Ausgehen gekleidet, doch hat sie statt des Hutes einen schwarzen Schal über dem Kopf. Sie tritt leise auf, schaut vorsichtig durch das Zimmer. Als sie Lang so augenscheinlich gebrochen sieht, erschrickt sie und faltet unwillkürlich die Hände).

Lang

(blickt empor, mit innerlicher Wildheit)

Ja, Anna. Da bin ich nun. Kannst mich verpflegen, wenn du willst. Als Tagedieb im Haus, als Siebenschläfer im Bett. Bin zu nichts mehr nutze. Sie haben mir die Hände aus den Gelenken gedreht.

Anna

(macht zwei Schritte, bleibt wieder stehen).

Lang

(erhebt sich; mit verzweifelter Klage und Anklage)

Es kränkt mich wahrlich um meinen Stolz. Es kränkt mich um die Ader, die mir schwillt. Möcht alle getanen Schritte bereuen und alle gesprochenen Worte wieder einschlucken. Warum bin ich nicht auch so ein Jasager und Sonnenblumen-Männlein, dann stünd' ich nicht so da, Schmach und Spott mir selber. Der elende Mückentanz! Wohin man greift, nur Luft; wohin man schlägt, trifft's den eigenen Leib. (Ausbrechend in heller Bitterkeit.) Schau' mich nicht an, Frau, ich schäm mich vor dir. Was kannst du anders glauben, als daß ein Mannsbild nur dazu da ist, um zu flunkern und sich wichtig zu machen? Und wenn er sich ganz in floribus hat zeigen wollen und einer Sache sich verdungen hat, bei der von Recht und Wohlfahrt zu schwadronieren war, so sitzt er nun um so erbärmlicher da, mit Fußtritten heimgeschickt.

Anna

(in deren Zügen sich eine innige Besorgnis malt, leise)

Karl Heinrich!

Lang

Und keinen Menschen! Keinen, der 's redlich meint! So ohnmächtig sein! Geh von mir fort. Du hast nichts an mir. Geh aus meinem Hause. Ich bin kein Mann für dich. Bin deiner nicht wert. Geh zu einem, der 's mit ehrlichen Feinden zu tun hat und ein Schwert in die Faust nehmen kann, wenn ihn die Horde bedrängt. (Er setzt sich mutlos und matt wieder in den Sessel.)

Anna

Nicht so, Karl Heinrich!...

Lang

Oder willst du nur darum bei mir bleiben, weil mein Schicksal deiner Torheit zu Hilfe gekommen ist? Trotzt ihr doch in eurer blinden Sucht, ihr Weiber, dem Himmel selber unvernünftige Taten ab. Ja, er wird gebaut, dein Turm. Er wird gebaut.

Anna

(leise)

Das wußte ich gleich, Karl Heinrich, als ich dich so sah.

Lang

Kannst du mich darum höher estimieren, was soll ich dann von meinem Wert noch halten und was von deinem Stolz?

Anna

(mit kaum merkbarer, schmerzlicher Schalkhaftigkeit)

Soll ich aber von dir fort, nur um zu beweisen, daß mir an dem Turm jetzt nichts mehr liegt?

Lang

(bitter)

Wenn man den Kindern das Spielzeug gibt, nach dem sie verlangt haben, dann werfen sie's beiseite.

Anna

Ich habe ja den Turm von dir begehrt und nicht von denen, die dir ein Leids damit getan. So komm' ich mir ja vor, als stünd ich mit ihnen im Bund. Und wenn noch dazu dein

Herz gegen mich gestimmt ist, so flüstert's dir vielleicht ein,
ich hätte dich verraten, irgendwie geheimnisvoll verraten.
Ach, Karl Heinrich! Plötzlich bin ich schuldig und weiß
kaum wieso. Schuldig vor dir, schuldig vor mir und weiß
kaum wieso.

Lang

(schaut sie an)

Was stehst du denn da mit deinem Kopftüchlein und wohin
willst du denn gehen? Willst nach Frommetsfelden hinaus
und zugucken, wie sie bauen?

Anna

Ich will's dir sagen, Karl Heinrich. Zum Mauthaus wollt ich
gehn auf der Chaussee.

Lang

Und was willst du denn dorten beim Mauthaus auf der
Chaussee?

Anna

Dort kommt der Leutnant Schlözer vorbei und will auf
mich warten.

Lang

(den Oberkörper nach vorn gebeugt, stützt den Kopf mit beiden Händen.
Schweigt.)

Anna

Es war beschlossen, Karl Heinrich, – fast wie man den Tod
beschließt.

Lang

(dumpf)

Beschlossen! Dies beschlossen! So muß es Laster in mir geben, die ärger sind, als ich sie ahnte, und was dich zu mir geführt, war nur ein Gaukelspiel betrügerischer Tage. Alle Wege: abwärts. Jeder Tag nur eine kurze Dämmerung zwischen zwei Nächten. Es ist ein unheimlicher Geisterspuk, der einen so lang schaudern macht, bis die Gedanken still stehn, und was die Brust bewegt, ist Scham, Scham, Scham!

Anna

(tief erregt)

Hör mich an, Karl Heinrich –

Lang

Hör ich dich, so bin ich schon getäuscht. Was gabst du mir freundliche Mienen und Blicke? Nur damit es jetzt offenbar wird, daß du einen brauchst, der süße Worte machen kann und immer beteuern kann und schwärmen kann und zeigen kann, was ihr mit euren kurzen Sinnen sehen müßt. Geh nur, Anna. Denk nicht, daß du einen Verzweifelten zurückläßt. Ich bin's nicht ungewohnt, abzurechnen mit mir und meinem Leben. Was ich nie besessen habe, kann ich nicht verlieren. Freilich der Irrtum, der frißt am Mark und macht alt und krank und müde.

Anna

Es ist hart für mich, was du sprichst, aber ich verdien's. Doch laß es genug sein, Karl Heinrich, und vergiß, was du gesagt, damit ich vergessen kann, was ich nur halb getan.

Lang

(steht auf)

Du sollst nicht vergessen und ich kann nicht vergessen. Es sei denn, wir wollen nicht für unsere Handlungen einstehen und uns aufführen wie Knaben, die einander schön tun, nachdem sie sich geprügelt haben. Es ist von Übel, jegliches Wort von Übel. Mit Schwatzen und Auseinandersetzungen erreichen die Menschen nichts weiter, als daß sie sich so nahe rücken, daß sie keinen Platz mehr zum Atmen haben. Und um mein Glück und um meinen Frieden kann ich nicht feilschen. Was man einander gewährt und einander erläßt, kann nicht durch Abmachungen geregelt werden. Alles wahre Zusammenleben beruht auf Schweigen, Frau! Je tiefer der Bund, je tiefer das Schweigen. Bliebst du aus Mitleid bei mir, so wünscht' ich lieber, ich hätte dich nie gesehen.

Anna

(hat die Hand an die Stirn gedrückt, läßt sie fallen, tritt näher, frei und entflammt)

Wie kommt's nur, daß ich dich jetzt so spüre, Karl Heinrich! Schon als es mich da draußen über die Schwelle zog, war mir, als ließ ich alle Zweifel zurück. Nicht Mitleid ist's, nein, nein! – Höchstens könnte ich dein Mitleid fordern für mich, denn ich war so klein und ich glaubte, du würfest mich hin gegen die Welt und die Welt sei dir alles und ich zu wenig, ich zu allein gegen dich und die Welt. Jetzt aber sehe ich dich auch allein und das – das! Karl Heinrich –! (Sie ergreift seine Hand und drückt ihre Stirn darauf.)

Lang

(sinnend)

Ach, du wunderliches Geschöpf von einem Weib.

Anna

(wieder aufgerichtet)

Du hast recht, Karl Heinrich. Es sollen nicht so viele Worte zwischen den Menschen hin und her geworfen werden. Es soll vielleicht bestehen bleiben, dies Fremde und dies Ferne, das mich so oft gequält hat. Vielleicht ist es gut so, daß wir nicht zu allen Zeiten alles von einander wissen, und gut ist es auch, daß ich dich suchte. Ja, es ist gut, daß ich dich suche, wenn du mich hältst! – Behalte mich!

Lang

Ich will dich halten.

Anna

(ohne Emphase ganz hingegeben)

Was soll's noch um den dumpfigen, stockigten Turm, Karl Heinrich? Habe ihn gewünscht, wie man ein Zeichen wünscht, ein Zeichen für etwas, das nun da ist.

Lang

(zu ihr gebeugt)

Und doch mußt du vieles dafür tragen, Kind. Mich vor allem, der eine Weile zusehn muß, untätig beiseite. Wir wollen aus der Stadt ziehen. Vom Amt will ich weg –

Anna

(bestimmt und mit freier Heiterkeit)

Nein, Karl Heinrich. Dieses wirst und kannst du nicht tun. Du bist der Mann nicht fürs Ausgeding. Mit den Wurzeln sich selber ausgraben und verdorren lassen? Du überzeugst sie ja schon von deinem Wert, indem du da bist. Könnte das Wasser schäumen ohne Damm? Hätt es solche Kraft? Kommt's darauf an, bezahlt zu werden, Karl Heinrich, heute oder morgen bezahlt? Bezahlt dich nicht dein eigenes Blut und deine innere Flamme?

Lang

(betroffen)

Frau, – wie du das sagst! Woher kommen dir solche Worte? Also bedeutet dir mein Treiben wirklich was? Willst nimmer so scheu und zweifelhaft neben mir wandeln?

Anna

Es hat mir nichts bedeutet, so lang ich nicht fühlen konnte, wie du mich damit umschlingst und wie ich dazu gehöre.

Lang

So hätte mir der Aberwitz und blöde Widerstand der Welt zum Köstlichsten verholfen?

Anna

Spürst du's so, dann ist es mehr, als ich gesehnt.

Lang

(packt ihre Hände, leidenschaftlich)

Und doch hat dich das trübe Wesen zum Scheideweg geführt ...

Anna

Wer am Scheideweg war, weiß besser ums Ziel. (Man hört Räder rollen auf der Straße.) Komm, Karl Heinrich – (Sie zieht ihn zum Fenster.)

Lang

Es ist ein Wagen, der vom Posthaus abfährt ...

Anna

Zum Mauthaus auf der Chaussee. – Gib mir die Hand, Karl Heinrich! Drück sie fest, fest ... so. Hörst du, wie mein Herz klopft? Ich glaube, es klopft vor Glück.

Lang

Unsere Herzen sind wie zwei Schalen in der Hand eines Engels. Ist ein Auf- und Niederschwanken sondergleichen.

Jeder Pulsschlag zieht's hier hinunter, dort hinauf. Wir wägen nicht, es wird uns zugewogen. Wir müssen still halten, das ist alles.

Anna

Ich halte still, Karl Heinrich. (Das Posthorn tönt.) Gute Fahrt, Schwager Postillon!

Vorhang.

Lord Hamiltons Bekehrung

Personen:

Lord William Hamilton (von der Seitenlinie der
    Herzoge)

Sir Francis Hamilton, sein Sohn

Emma Lyon

Mr. Dashwood, Notar

Mr. Fletcher, Uhrmacher

Der Majordom

Mrs. Adams, Wirtschafterin

Doktor Middlewater

James, ein alter Diener

Drei andere Diener

Spielt am Ende des achtzehnten Jahrhunderts in
Easton Park in der Grafschaft Suffolk.

Das Frühstückzimmer in Easton Park. Nach hinten führt eine offene Flügeltür
in die Halle, durch die man wiederum in den Park blickt. Rechts eine
geschlossene Flügeltüre, links zwei hohe Fenster. Ein schmaler Tisch, mehr
links, ist für zwei Personen gedeckt. Ein anderer, schwerer Eichentisch steht
mehr rechts. In der linken Ecke eine Wanduhr in einem massiven Gehäuse,
das bis zur Decke reicht. An den Wänden hängen alte Gobelins und ein paar
niederländische Stilleben.

Auf einer kleinen Leiter vor der Wanduhr steht Mr. Fletcher; er hat den
mächtigen Pendel abgenommen und horcht ins Räderwerk. Der Majordom
hat den gedeckten Tisch inspiziert und beobachtet dann ernsthaft, mit

verschränkten Armen, die Hantierung des Uhrmachers. Währenddem tritt Doktor Middlewater vom Park her in die Halle, stellt seinen Medikamentenkasten auf die Bank und kramt darin, wobei er der Szene den Rücken zukehrt. Gleichzeitig kommt Lord Hamilton von draußen rechts in die Halle. Er beachtet den Arzt nicht, der sich rasch umwendet und, obwohl er schon gebückt steht, eine noch tiefere Verbeugung macht. Der Lord hat einen Brief in der Hand und geht unruhig auf und ab.

Lord Hamilton

(draußen)

Mister Wardle!

Der Majordom

Mylord! (Eilt hinaus.)

Lord Hamilton

Für welche Stunde ist Mister Dashwood bestellt?

Der Majordom

Für elf Uhr, Mylord.

Lord Hamilton

(die Taschenuhr ziehend)

Dann muß er in sechsunddreißig Minuten hier sein.

Der Majordom

Gewiß, Mylord.

Lord Hamilton

Doktor Middlewater, ich bin bereit. (Mit Doktor Middlewater in der Halle rechts ab.)

Mr. Fletcher

(hat neugierig gelauscht. Er ist trotz seiner vorgerückten Jahre ungemein eitel. Während der Lord geht und der Majordom zurückkommt, holt er einen

Handspiegel aus seiner Tasche und betrachtet sich wohlgefällig).

Der Majordom

Sie hören, Mister Fletcher, – es ist sechsunddreißig Minuten vor elf.

Mr. Fletcher

Ich habe bemerkt, daß die Pünktlichkeit in diesem Hause etwas willkürlich gehandhabt wird. Seine Lordschaft ist imstande, der Sonne zu befehlen, welche Zeit es ist. Das erscheint mir etwas waghalsig. Es widerspricht der göttlichen Weltordnung. – Wie finden Sie mich heute aussehend, Mister Wardle?

Der Majordom

Ich muß Sie darauf aufmerksam machen, daß die Uhr gestern um neun Minuten zu spät gegangen ist.

Mr. Fletcher

(hängt den Pendel ein)

Genau das Gegenteil von dem, was ich tue. Ich bin immer zu früh daran; immer zu früh. Aber in der Liebe ist das der einzige Weg zum Erfolg. Meinen Sie nicht, Mister Wardle, daß ich noch eine ganz repräsentable Erscheinung bin? Das schöne Geschlecht ist nicht unzufrieden mit mir.

Der Majordom

(amtlich)

Sind Sie bald fertig, Mister Fletcher?

Mrs. Adams

(kommt in Eile; sie ist eine muntere und beleibte Dame)

Denken Sie nur, Mister Wardle, James ist betrunken!

Der Majordom

James? betrunken –? Wie ist das möglich?

Mrs. Adams

Sie müssen uns helfen, Mister Wardle. Wenn ihn Seine Lordschaft in der Verfassung sieht, geht's dem armen alten Kerl schlecht. Erinnern Sie sich noch, wie er vor drei Jahren den unglücklichen Jimmy mit der Hundspeitsche auf die Landstraße jagen ließ, weil er benebelt war –?

Der Majordom

Aber wie konnte das geschehen, Missis Adams? wie konnte sich James so vergessen?

Mrs. Adams

Der Kummer, Mister Wardle. Der Kummer um den jungen Herrn. Sie wissen doch, wie er an Sir Francis hängt. Nun hat Seine Lordschaft wahrscheinlich etwas durchblicken lassen, von Enterbung oder so ... James ist ja der einzige, mit dem er hie und da ein vertrautes Wort spricht ... der Kummer, Mister Wardle. Ich gehe zu den Ställen hinüber, um Milch zu holen, da sehe ich ihn taumeln und mit den Händen fuchteln und höre, wie er wild vor sich hinmurmelt, – kurz, er ist im Zustand eines Schweines.

Mr. Fletcher

(hat vergebens mit Missis Adams zu liebäugeln versucht)

Was für ein angenehmes Wesen! welche verlockende Stimme! (Seufzt, holt den Spiegel hervor.)

Der Majordom

(ringt die Hände, schnell durch die Halle in den Park ab)

Mr. Fletcher

(zu Mrs. Adams, die sich anschickt, dem Majordom zu folgen)

Haben Sie indessen meinen Antrag überschlafen, Missis Adams?

Mrs. Adams

(unruhig nach der Tür schauend, hastig und verschämt).

Es kann nicht sein, Mister Fletcher. Mylord ist ein so verschworener Feind von allem Heiraten, daß ich mir's zeitlebens mit ihm verderben würde.

Mr. Fletcher

(bekümmert)

Sehr unrecht von Seiner Herrlichkeit.

Mrs. Adams

(vertraulich flüsternd)

Sie wissen ja, er hat Malheur gehabt. Mylady ist ihm nach der Geburt von Sir Francis mit einem Schmugglerkapitän durchgebrannt und in der irischen See ertrunken.

Mr. Fletcher

Wie Sie mich hier sehen, Missis Adams, bin ich ein Mann mit einem geregelten Einkommen von zweihundertvierzig Pfund.

Mrs. Adams

Sie brechen mir das Herz, Mister Fletcher. Ich bin so attachiert an Easton Park.

Mr. Fletcher

Und sonst, Missis Adams, wenn ich auch den Kahlkopf nicht ableugnen kann, wer will meine Stattlichkeit bezweifeln?

Mr. Dashwood

(tritt mit allen Zeichen eines überstandenen Schreckens in die Halle, schaut sich ängstlich um, kommt dann auf die Szene. Unterm Arm trägt er die Aktentasche. Tracht der Zeit. Quäkerhut)

Guten Morgen! (Legt den Hut ab, wischt den Schweiß von der Stirn.)

Mrs. Adams

Ist Ihnen etwas Schlimmes widerfahren, Mister Dashwood?

Mr. Dashwood

Es muß der leibhaftige Satan gewesen sein, – Gott sei mir gnädig.

Mrs. Adams

Was denn? wo denn?

Mr. Dashwood

(Atem schöpfend)

Während ich durch den Hohlweg reite ... Sie kennen ja diesen Hohlweg, Ma'am ... er ist so schmal, daß zwei Fußgänger einander nicht ausweichen können ... ach, das Entsetzen ist mir in alle Glieder gefahren.

Der Majordom

(kommt nervös wie ein Mann, der nicht weiß, wo er zuerst Hand anlegen soll)

Es steht wirklich verzweifelt mit dem alten Esel. Mister Fletcher, die Uhr in den Dienerwohnungen muß noch reguliert werden. Mylord erwartet Sie um elf Uhr, Mister Dashwood.

Mr. Fletcher

(der an Mister Dashwoods Erregung keinen Anteil nimmt)

In unserer zarten Angelegenheit werde ich zu passenderer

Stunde wieder anfragen, Missis Adams. (Da sie ihn schmachtend anschaut.) Ach, dieser Blick! – (Wirft ihr eine Kußhand zu. Ab.)

Mrs. Adams

(zum Majordom)

Mister Dashwood hat etwas Gräßliches erlebt – – –

Mr. Dashwood

Ich reite also durch den Hohlweg, und hinter mir her, auf einem kohlschwarzen Roß, ein Bursche mit flatternden schwarzen Haaren. Immer mir nach ... immer auf meinen Fersen, im vollen Galopp! Ich treibe mein Tier zur Eile an ... er, mit höhnischem Geschrei, tut dasselbe. Ich glaube nicht fehl zu gehen, wenn ich vermute, daß es ein Räuber war.

Der Majordom

Am hellen, lichten Tag?

Mr. Dashwood

Ein blut- und mordgieriger Geselle.

Mrs. Adams

Da möchte ich nicht an Ihrem Platz gewesen sein, Mister Dashwood.

Mr. Dashwood

Ich pflege sonst nie ohne Pistole auszugehen. Weiß man doch nicht, was einem zustoßen wird. Mein Freund, Mister Sparre, – Sie kennen doch Mister Sparre, Ma'am? – ist neulich in Pall Mall von einem wütenden Hund gebissen worden. Es ist nichts Seltenes, daß jemand inmitten der Ausübung seiner Amtsgeschäfte von einem jähen Tod ereilt wurde. Solche Katastrophen treten gewöhnlich dann ein, wenn sich der kurzsichtige Mensch auf dem Gipfel seines

Glücks befindet und geneigt ist, sich der wohlverdienten Ruhe hinzugeben. (Er erblickt Emma Lyon, die, mit der Reitpeitsche in der Hand, in die Halle tritt; sehr erregt.) Da ist er, Ma'am! Da ist er, Mister Wardle! Schützen Sie mich! Er verfolgt mich bis hieher! Rufen Sie die Diener zusammen!

Emma Lyon

(hat sich in der Halle verwundert umgeschaut und kommt nun auf die Szene. Sie ist als junger Mann im Reitkostüm gekleidet. Ihre brünetten Haare quellen unter dem Hut über das schöne, von schnellem Ritt erglühte Gesicht).

Der Majordom

(auf sie zutretend)

Womit kann ich dienen, Sir?

Emma Lyon

(gebieterisch)

Lassen Sie mein Pferd versorgen. Ich weiß nicht, ob der Mensch, dem ich es übergeben habe, sich damit auskennt. Was ist denn das für ein Betrunkener draußen, um den sie alle herumstehen?

Mr. Dashwood

Der Herr beschütze uns vor dem Übel ... Erst neulich habe ich in der Zeitung gelesen, daß der berüchtigte Thomas Field frecherweise in den Palast des Herzogs von York gedrungen ist.

Der Majordom

Wen darf ich melden, Sir?

Emma Lyon

Mister Rippledale aus London. Benachrichtigen Sie zuerst Sir Francis.

Der Majordom

(argwöhnisch)

Mister Rippledale –?

Mr. Dashwood

Ein falscher Name. Ohne Zweifel ein falscher Name.

Emma Lyon

Was murmelt der Dicke dort? Ei, sind Sie es, Sir, der auf einem Ding, mehr Ochse als Gaul, beständig vor mir hergetrabt ist? Ein andermal machen Sie Platz, wenn einer hinter Ihnen ist, der Eile hat.

Mr. Dashwood

(demütig stotternd)

Es ... ich ... der Weg war so schmal ... (Abgewendet.) Die Sprache! Er muß eine ganze Bande im Rücken haben.

Mrs. Adams

(leise zum Majordom)

Ich lasse mich hängen, wenn das kein Frauenzimmer ist.

Der Majordom

Sir Francis kommt erst von der Jagd zurück, Sir.

Emma Lyon

Dann führen Sie mich einstweilen in seine Zimmer.

Mr. Dashwood

Schau, schau, wie schlau! Und doch, wie wenig schlau. Wie tollkühn vielmehr.

Sir Francis

(kommt eilig. Ein junger Mann von zwei- bis dreiundzwanzig Jahren mit hübscher Gestalt und hübschem Gesicht. Er trägt einen roten Jagdreitrock, manchesterne Reithosen und lange Stiefel mit weiten Schäften. Mit allen Zeichen der Bestürzung.) Um Gottes willen, du hier, E – –

Emma Lyon

(ist schnell auf ihn zugegangen, drückt die Hand auf seinen Mund)

Ja, ich bin's. Bist du nicht froh, deinen alten Rippledale hier zu sehen?

Sir Francis

Ich sah dein Pferd draußen. Ich erkannte es gleich. Aber – –

Emma Lyon

Wundre dich nicht länger. Jede Frage ist überflüssig.

Sir Francis

Mein Vater – –

Emma Lyon

Mit ihm zu reden bin ich gekommen. Ich bin von Suffolk herübergeritten, wo ich übernachtet habe und wo meine Freunde geblieben sind.

Sir Francis

(noch immer fassungslos)

Du kannst ihm doch nicht in diesem Aufzug unter die Augen treten – –

Emma Lyon

Auch dafür ist gesorgt. Ich habe Mary mit den Kleidern vorausgeschickt.

Ein Diener

Es ist ein Frauenzimmer da mit einer Schachtel für Mister Rippledale.

Emma Lyon

Also rasch, mein Lieber, bring mich in ein Zimmer, wo ich mich herrichten kann. (Sie wendet sich gegen die Halle, in der jetzt der betrunkene James erscheint, von einigen männlichen und weiblichen Dienstboten umgeben, die ihn zu verhindern suchen, ins Zimmer zu dringen.)

Sir Francis

(Emma folgend und in sie hineinredend)

Es ist sinnlos, sage ich dir. Bei ihm erreichst du nichts damit.

Emma Lyon

Wir werden sehen, jedenfalls ist deine Angst vor ihm lustiger als du meinst. Ich liebe nicht, daß man hinter meinem Rücken über mich verfügt, und ich bin neugierig, wie er es macht, wenn ich dabei bin. (Sie geht ab.)

Mr. Dashwood

Das Geheimnis wird immer undurchdringlicher.

Sir Francis

(bleibt auf der Schwelle stehen, zum Majordom gewandt und auf die Gruppe um James deutend)

Was ist das, Mister Wardle?

Der Majordom

Ich weiß nicht mehr, was ich anfangen soll, Sir Francis.

Sir Francis

Schaffen Sie ihn hinaus. – Wenn mein Vater nach mir fragt,

sagen Sie ihm, ich sei noch nicht zurück. (Ratlos vor sich hin.) Mein Gott! (Ab.)

James

(in der Halle)

Die Welt ist kugelrund ... drum will ich mich vergnügen ... sauft nur in vollen Zügen ... dann bleibt ihr auch gesund ... (Erblickt Sir Francis.) Sir Francis! oh, Sir Francis! Armer Sir Francis!

Sir Francis

(bleibt einen Moment draußen stehen, winkt dem Betrunkenen verwirrt zu, dann weiter und nach rechts ab).

Mrs. Adams

(stürzt gegen die Schwelle, da James trotz der Diener, die ihn zurückhalten, sich dem Zimmer nähert)

Nicht hier herein!

Der Majordom

Nehmen Sie doch Vernunft an, James! Sie kommen ja von Dienst und Brot, wenn Mylord –

James

Und wär die Welt nicht kugelrund ... (Er kämpft mit denen, die ihn halten, dringt aber dabei immer weiter vor.)

Mr. Dashwood

Die Überwucherung der tierischen Natur kann Übeltaten im Gefolge haben, deren Tragweite sich gar nicht ermessen läßt. Für den Zuschauer ist dabei das Gedächtnis ein quälender Faktor. Ich erinnere mich eines Tuchwebers, der in der Trunkenheit seine eigene Großmutter erdrosselte. (Er verbeugt sich tief, da von rechts der Lord und Doktor Middlewater eintreten.)

Lord Hamilton ist eine Erscheinung von imposanter Magerkeit. Sein Gesicht hat den Ausdruck dürren Ernstes. Ihm zu widersprechen, scheint wahnsinnig. Doktor Middlewater, ein Landarzt, hat seinen Vorteil darin zu finden gelernt, dem Lord nach dem Mund zu reden.

Doktor Middlewater

Man kann mit einem solchen Leiden neunzig Jahre alt werden, Mylord.

Lord Hamilton

Ich hoffe es. Im Übrigen ist mein Körper dazu da, um mir zu dienen, so lange ich ihn brauche.

James

Und wär die Welt nicht kugelrund ... so müßt ich mich erhängen ... (Er stockt, da der Lord erstaunt auf die Gruppe zugeht.)

Lord Hamilton

Was bedeutet das, Mister Wardle?

Der Majordom

Wir haben alles mögliche versucht, den Mann zur Besinnung zu bringen, Mylord.

James

Eure Herrlichkeit mögen verzeihen ... ich bin ein sterblicher Mensch ... ich ... (Er zuckt unter dem Blick seines Herrn zusammen, schweigt, bemüht sich, fest zu stehen.)

Lord Hamilton

(überlegt eine Weile; plötzlich nimmt sein Gesicht die Miene der Besorgnis an)

Doktor Middlewater, der Mann ist krank.

Doktor Middlewater

(kichert, nach einem Blick des Lords faßt er sich)

Es scheint mir selber so, Mylord.

Lord Hamilton

(strafend)

Fühlen Sie ihm den Puls, Doktor Middlewater.

Doktor Middlewater

(tut es; James fügt sich wie gebannt).

Lord Hamilton

Der Mann hat Fieber, Doktor Middlewater. Der Mann hat hohes Fieber.

Doktor Middlewater

(eifrig)

Ohne Zweifel, Mylord. Der Mann hat beträchtliches Fieber.

Lord Hamilton

Mister Wardle, Sie werden veranlassen, daß der Mann zu Bett gebracht werde.

Der Majordom

Du hörst es, James –!

Lord Hamilton

Vorher übergieße man ihn mit zwei Eimern kalten Wassers. Gegen das Fieber.

Der Majordom

Soll geschehen, Mylord.

Lord Hamilton

Hierauf werden Sie ihm zur Ader lassen, Doktor Middlewater. Zwei Unzen des kranken Bluts können Sie ihm gut und gern entziehen, nicht wahr, Doktor Middlewater?

Doktor Middlewater

Ich bewundere die Sachkenntnis Eurer Herrlichkeit.

Lord Hamilton

Sodann belegen Sie ihm Brust und Rücken mit Senfpflastern, und Sie, Missis Adams, sorgen dafür, daß ein stark purgierender Tee für ihn gekocht werde. (Missis Adams ab.)

Doktor Middlewater

Es fragt sich allerdings, ob bei diesen Jahren eine so vehemente Kur – –

Lord Hamilton

(ohne den Einwurf zu beachten; streng)

Daß du dich widerspruchslos diesen Verordnungen fügst, James! Du bist todkrank, hörst du? Und das eine merk dir für die Zukunft: Kein solches – Fieber mehr! Hinaus mit ihm! Doktor Middlewater, tun Sie Ihre Pflicht. (Die Diener führen den schon halb ernüchterten und widerstandslosen James ab. Der Doktor folgt ihnen.) Nun zu unserem Geschäft, Mister Dashwood. (Zum Majordom.) Sir Francis soll kommen.

Der Majordom

Sir Francis ist von der Jagd noch nicht zurück.

Lord Hamilton

Wie viel Uhr ist es?

Der Majordom

(mit Blick auf die Wanduhr)

Elf Uhr, neun Minuten.

Lord Hamilton

Unmöglich.

Der Majordom

(ängstlich)

Mister Fletcher hat soeben die Uhr reguliert, Mylord.

Lord Hamilton

(ruhig)

Da Sir Francis für elf Uhr bestellt ist, kann es jetzt unmöglich elf Uhr neun sein, Mister Wardle.

Der Marjordom

(blöde; weiß nichts zu antworten).

Lord Hamilton

(mit der Taschenuhr in der Hand)

Es ist zehn Uhr fünfzig Minuten. Stellen Sie den Zeiger dort gefälligst zurück, Mister Wardle.

Der Majordom

(rückt einen Stuhl vor die Uhr, steigt hinauf, vollzieht den Befehl, dann kopfschüttelnd ab).

Mr. Dashwood

(schüchtern)

Ich glaube Sir Francis schon hier gesehen zu haben, Mylord.

Lord Hamilton

Sprechen wir nicht von Ihren privaten Wahrnehmungen,

Mister Dashwood. Es ist für mich kein Anlaß vorhanden, über Ihre Sinnestäuschungen zu diskutieren. »Ich glaube« heißt so viel, als »ich schwätze«.

Mr. Dashwood

(verletzt)

Ohne daß ich dieser großartigen Auffassung zu nahe treten will, lassen sich doch Fälle denken, wo die Bestimmtheit der Angaben einer notgedrungenen Philosophie zuwiderläuft. Die Kleinen müssen politisch sein, wo die Großen ihrem Impulse gehorchen. Lord Gordon durfte eine Revolution anzetteln und behielt seinen Kopf, aber der arme Snatch kam an den Galgen. Was würde Eure Lordschaft sagen, wenn ich mich unterstehen wollte, im Schlafrock vor Ihnen zu erscheinen? Ich bitte um Entschuldigung, es ist dies nur vergleichsweise gesprochen: ich meine im Schlafrock der Rede.

Lord Hamilton

(auf und ab gehend; ungeduldig)

Schwätzer waren immer meine Feinde. Ich wünsche nicht, daß man in Gleichnissen zu mir spricht. Das sind Vertraulichkeiten, die ich nicht liebe. Sie wissen, weshalb ich Sie rufen ließ, Mister Dashwood. Das ungeheuerliche Heiratsprojekt meines Sohnes zwingt mich zu einem solchen schweren Schritt.

Mr. Dashwood

Das Gesetz legt Ihnen nur geringe Hindernisse in den Weg, Mylord. Es ist ein erhebendes Gefühl für den Staatsbürger, daß die Wagschale der Justitia sich stets auf die Seite der Autorität neigt.

Lord Hamilton

Ich habe inzwischen durch meinen Londoner Mittelsmann genaue Nachrichten über die fragwürdige Person dieser Emma Lyon einziehen lassen. Die Nachrichten bestätigen meine schlimmsten Ahnungen, und wenn Sir Francis, was sich in dieser Stunde noch entscheiden wird, auf seinem Vorsatz beharrt, werde ich keinen Sohn mehr haben.

Mr. Dashwood

Es wird nicht an mir liegen, wenn die Inkraftsetzung der vermögensrechtlichen Maßregel einen langsameren Gang nimmt, als der Heroismus wünschbar macht, den ich an Eurer Herrlichkeit ehrfürchtig erkenne.

Lord Hamilton

(nimmt den Brief aus der Tasche)

Es wird sich zeigen.

Ein Diener

(meldet)

Sir Francis. (Ab.)

Sir Francis

(schuldbewußt)

Ich bitte Sie um Verzeihung, Vater, daß ich mich verspätet habe.

Lord Hamilton

Nicht daß ich wüßte. Wie du siehst, ist es elf Uhr. Punkt elf Uhr.

Sir Francis

Wirklich? – Dann muß meine Uhr falsch gehen.

Lord Hamilton

Das leidet keinen Zweifel. Die Unterredung, zu der ich dich gebeten habe, könnte auch nicht wie ein Rendez-vous zwischen Kartenspielern behandelt werden.

Sir Francis
(unruhig, mit Blick auf den Notar)
Ich darf doch hoffen, daß eine solche Zwiesprache unter vier Augen ...

Lord Hamilton
Mister Dashwood ist Amtsperson und hat als solche weder zu hören noch zu sehen. Betrachte ihn als abwesend.

Sir Francis
(resigniert)
Wie Sie befehlen.

Lord Hamilton
Du hast mir gestern eine Art von Entschluß brieflich kundgegeben. Abgesehen davon, daß ich die Zulässigkeit eines schriftlichen Verkehrs zwischen uns niemals in Erwägung gezogen habe, kann ich mir auch den ... nun, sagen wir, den Mut deiner Ausdrucksweise nur durch den Gebrauch von Tinte und Feder erklären. Ein Hamilton spricht höchstens, aber er schreibt nicht.

Mr. Dashwood
(schnupft; vor sich hin)
Ein Diktum von antiker Größe.

Sir Francis
Wenn Sie Emma kennten, Vater – –

Lord Hamilton

Emma? Was ist das, – Emma –? Du unterstehst dich, mit sonderbarer Intimität einen Namen zu nennen, der für mich nicht mehr bedeutet als der Straßenschmutz.

Sir Francis
(aufwallend)

Durch eine solche Sprache empören Sie alle meine Gefühle!

Lord Hamilton
(kalt)

Ich statuiere deine Gefühle nicht, mein Sohn. Gefühle sind der Luxus der Unbotmäßigen.

Mr. Dashwood

Herrlich! Unvergleichlich! Wie sagt Hamlet: Schreibtafel her.

Sir Francis
(wütend)

Könnte jener Mann nicht schweigen, da er doch – abwesend ist?

Lord Hamilton

Wir wollen zunächst den Tatbestand ordnungsmäßig darlegen. (Setzt sich in richterliche Pose.) Mister Dashwood, seien Sie so freundlich, den Bericht über die Vergangenheit der in Rede stehenden Personage vorzulesen. Meine Zunge sträubt sich dagegen. (Reicht das Schriftstück hinüber.)

Mr. Dashwood
(liest)

Besagte Emma Lyon ist von der niedrigsten Herkunft. Man weiß weder die Zeit noch den Ort ihrer Geburt anzugeben. Zuerst war sie Gouvernante, dann ergab sie sich einem schändlichen Gewerbe. Sie durchlief die Straßen von

London; auf den Trottoirs der unermeßlichen Hauptstadt irrte sie obdachlos umher und sank zur tiefsten Erniedrigung ihres Geschlechtes herab.

Sir Francis

Dies ist eine Verleumdung!

Lord Hamilton

Es würde wenig Konsequenz, selbst in der Verranntheit, beweisen, wenn dich meine Ermittlungen sogleich überzeugen würden. Ein Umstand, der freilich ihrer Triftigkeit nichts anhaben kann. Fahren Sie fort, Mister Dashwood.

Mr. Dashwood
(in weinerlichem Ton)

– Geschlechtes herab. Da traf sie einen schottischen Scharlatan, der sich Doktor Graham nennen ließ und der einen sogenannten Tempel der Gesundheit mit einem sogenannten himmlischen Bett eingerichtet hatte. Wer für die Nacht fünfzig Pfund bezahlte, durfte sich in das mit Gold und Seide geschmückte Bett legen und erhielt angeblich die verlorenen Kräfte der Liebe und der Männlichkeit zurück.

Sir Francis

So viel ist richtig, daß Doktor Graham Emmas Wohltäter war. Es ist richtig, daß sie Not litt und an dem Schotten einen väterlichen Beschützer fand.

Lord Hamilton

Ich gebe zu, daß du ein guter Schütze und ein ausgezeichneter Schwimmer bist, aber dein Verhältnis zur Welt ist ein wahrhaft kindliches.

Sir Francis

Übrigens ist sogar der Lord Schatzkanzler in dem himmlischen Bett gelegen.

Mr. Dashwood
(für sich)

Bejammernswerte Verirrung des Menschengeistes!

Lord Hamilton

Fahren Sie fort, Mister Dashwood. Sie würden mich verbinden, wenn Sie die persönlichen Äußerungen Ihrer sittlichen Entrüstung einstellen könnten.

Mr. Dashwood

– der Liebe und der Männlichkeit zurück. Doktor Graham verfiel auf den Gedanken – (stockt, zieht das Taschentuch, wischt die Stirne.) Mylord, es fällt mir schwer ...

Lord Hamilton

Überwinden Sie sich, Mister Dashwood.

Mr. Dashwood

– verfiel auf den Gedanken, Emma Lyon völlig ... völlig unbekleidet ...

Lord Hamilton
(scharf)

Steht da »unbekleidet«, Mister Dashwood?

Mr. Dashwood
(trostlos)

Nackt. Völlig nackt!

Lord Hamilton

(erhebt sich)

So ist es. Völlig nackt. Das ist der Gipfelpunkt.

Mr. Dashwood

– oder kaum bedeckt mit einem Schleier ...

Sir Francis

(seine Position mit ungenügenden Mitteln stützend)

Also doch mit einem Schleier bedeckt –

Lord Hamilton

(stark)

Kaum! – kaum!

Mr. Dashwood

Der Herr bewahre mich in seiner Huld und Gnade vor diesem Sodom!

Lord Hamilton

Er verfiel also auf den Gedanken, besagte Emma Lyon völlig nackt, oder –

Mr. Dashwood

(mit erbarmenswürdiger Stimme)

– kaum bedeckt mit einem Schleier unter dem Namen der Göttin Hygäa in das Vorzimmer zu dem himmlischen Bett zu postieren und sie für Geld sehen zu lassen ... Neugierige strömten nun in Massen herbei, um vor dem Altar der Göttin ihren Tribut niederzulegen und bald sah man überall unanständige Kupferstiche der neuen mythologischen Person, Bilder, worauf sie als Venus, als Phryne, als Olympia, als Kleopatra abkonterfeit war.

Lord Hamilton

Ich danke; damit ist es genug. Wir brauchen uns keine Mühe mehr zu geben, den Pfuhl weiter auszumalen. Ob du von alledem unterrichtet warst, lasse ich dahingestellt. Ich frage mich nur, wie es möglich war, daß du eine Verbindung mit diesem Auswurf des Lasters auch nur in Betracht ziehen konntest ...

Sir Francis

(verzagt)

Ich liebe sie.

Lord Hamilton

Einfältiges Zeug!

Sir Francis

Wenn Sie auch nicht Rechte der Leidenschaft anerkennen, Vater –

Lord Hamilton

Lüderliche Phantasien! Ich hörte einmal einen Münzensammler sagen, daß er seine Münzen liebe. Das hatte wohl eher einen Sinn. Man habe keine Leidenschaften unter der Würde des eigenen Standes. Und wenn man sie hat, so verberge man sie wie ein unappetitliches Geschwür. Wo in aller Welt ist es erhört, daß man aus einer »Leidenschaft« die Folgerung zu heiraten ableitet?

Sir Francis

Erfüllen Sie mir eine einzige Bitte, mein Vater, ehe Sie sich endgültig entschließen ...

Lord Hamilton

Nun?

Sir Francis

Sprechen Sie mit Emma Lyon!

Lord Hamilton

(voll Verachtung)

Du bist ebenso verrückt als vermessen.

Sir Francis

(mit stoischer Gleichgültigkeit, da er keine Hoffnung mehr hat)

Sie ist hier im Hause und will nicht eher fort als bis sie mit Ihnen gesprochen hat.

Lord Hamilton

(starr und steif)

Wie –?

Mr. Dashwood

Jesus Christus steh mir bei!

Emma Lyon

(tritt, in weiblicher Kleidung, draußen in die Halle).

Der Majordom

(geht auf sie zu, sie spricht mit ihm, er kommt und meldet mit dummem Gesicht)

Mister Theseus Rippledale bittet vorgelassen zu werden.

Lord Hamilton

Ich kenne keinen Mister Theseus Rippledale. Bedaure. (Majordom ab.)

Emma Lyon

(am Majordom vorüber, tritt frech ein. Ihr Kostüm ist im Stil des Direktoire gehalten; es ist äußerst geschmackvoll und bringt die Formen des Körpers verführerisch zur Geltung)

Guten Morgen, Mylord. Mister Rippledale und Emma Lyon sind nämlich ein und dieselbe Person.

Mr. Dashwood
(mit gefalteten Händen vor sich hin)

Lockbild der Hölle!

Emma Lyon

Ich konnte doch den armen Schelm nicht ganz ohne Beistand dem Sturm des väterlichen Unwillens preisgeben. Im Wortgefecht ist er leider nicht sehr gewandt. Auch muß man ihn bisweilen an der Leine halten wie einen unbesonnenen jungen Hund.

Lord Hamilton
(schweigt angeekelt).

Emma Lyon
(unbekümmert weiterplaudernd)

Sie als Vater können freilich nicht so viel Possierliches an ihm finden wie ich. Er hat sich in letzter Zeit zu seinem Vorteil entwickelt, aber als ich ihn kennen lernte, konnte er durch die Art, wie er ein Kompliment machte, eine Methodistenversammlung zum Lachen bringen und seine Konversation hätte einen Holzhacker in Verlegenheit gebracht. Es hat Mühe gekostet, ihm eine passable Figur zu geben. Sie haben seine Erziehung entschieden vernachlässigt, Mylord.

Mr. Dashwood

(entsetzt flüsternd)

Ein Dämon!

Sir Francis

(zerknirscht und vorwurfsvoll)

Emma –!

Lord Hamilton

(schweigt, schaut gegen die Zimmerdecke).

Emma Lyon

(wie oben)

Was Wunder, daß ich mit dem Vorurteil herkam, ein unwirtliches Waldhaus und in ihm einen bissigen Menschenfeind zu finden? Francis hat nur mit Zähneklappern von seinem väterlichen Heim gesprochen, und da endlich sagte ich mir: den Minotaurus will ich sehen. Vielleicht ist er gar nicht so fürchterlich. In der Tat er ist nicht fürchterlich. Auch mutet mich alles hier ganz behaglich an, und die Theseus-Rolle kommt mir fast schon komisch vor. (Zu Sir Francis.) Was meinst du, liebe Ariadne?

Mr. Dashwood

Diese Vertrautheit mit der Mythologie ist nicht groß erstaunlich.

Lord Hamilton

(ergreift die Handglocke, läutet energisch. Ein Diener kommt)

Mister Rippledale wünscht seinen Wagen. Lassen Sie vorfahren!

Emma Lyon

Mister Rippledale ist zu Pferde gekommen, Mylord. (Sie ist durchaus nicht aus der Fassung gebracht, spricht, als ob ein unsichtbarer Rippledale vor ihr stände.) Sie wollen schon gehen, Mister Rippledale? Schade. Aber ich sehe ein, daß Sie sich nicht zweimal mit dem Zaunpfahl winken lassen wollen. Ich wünsche Ihnen gute Reise. (Schüttelt dem Unsichtbaren die Hand.) Sei so freundlich, Francis, und begleite Mister Rippledale hinaus. (Da Sir Francis sie zögernd anschaut, mit einem befehlenden und vielsagenden Blick.) Hurtig, mein Lieber! Mister Rippledale ist nicht gewöhnt, unhöflich behandelt zu werden. (Zu Mr. Dashwood.) Und Sie, mein dicker Reitersmann, Sie würden gut daran tun, wenn Sie draußen die Identität meines Freundes Rippledale feststellen würden. Nehmen Sie ihn in ein Kreuzverhör und lassen Sie sich eine kleine Magenstärkung reichen. (Zum Diener, der mit aufgerissenen Augen wartet.) Ein Glas Sherry für den Herrn! Er bedarf der Kräftigung.

Mr. Dashwood

(erhebt sich, starrt den Lord ratlos an, weicht vor der Berührung Emma Lyons zurück, die ihn unterm Arm fassen will, und da der Lord wie versteinert ist und keine Miene macht zu sprechen, geht er in weitem Bogen ängstlich um sie herum nach der Tür, wo ihm Sir Francis durch eine mürrische Geste bedeutet, daß er gehen solle. Er schlägt die Hände zusammen, als sei der Untergang der Welt angebrochen, und verläßt das Zimmer. Der Diener folgt ihm, dann, nach kurzem Zaudern und unter allerlei Versuchen, stumm mit Emma Lyon zu korrespondieren, auch Sir Francis).

Emma Lyon

(schließt die Türe zur Halle hinter ihnen)

Auf Wiedersehen, lieber Rippledale! (Öffnet noch einmal die Tür und winkt.) Addio! (Kehrt zurück.) Darf ich jetzt von Ihrer Einladung, Platz zu nehmen, Gebrauch machen, Mylord? (Sie setzt sich, lächelt gewinnend.)

Lord Hamilton

(ist vielleicht zum ersten Mal in seinem Leben vollkommen konsterniert. Er greift sich wie träumend an den Kopf. Seine Stimme klingt heiser, während er stotternd beginnt)

Wer sind Sie? Wer gibt Ihnen das Recht, vermittelst einer schamlosen Komödie in mein Haus zu dringen?

Emma Lyon

(blickt ihn mit unschuldiger Miene lächelnd an, winkt, als ob sie ihn ermuntern wolle).

Lord Hamilton

(immer noch mühsam nach Worten ringend, wobei er sich bestrebt, das junge, schöne Geschöpf nicht zu sehen)

Sie erteilen Befehle an meine Dienerschaft. Ich erkläre diese Befehle für ungültig.

Emma Lyon

(harmlos)

Das dacht ich mir gleich.

Lord Hamilton

Sie haben mich überfallen, aber ich weigere mich, mit Ihnen zu sprechen. Ich fordere Sie auf, Sir Francis und Mister Dashwood wieder hereinzurufen.

Emma Lyon

Daß ich eine Närrin wäre! Es hat Arbeit genug gekostet, sie hinauszubringen.

Lord Hamilton

Ich kenne Sie nicht, ich – –

Emma Lyon

Tut nichts, Mylord. Es ist ja der Zweck meiner Anwesenheit,

daß Sie mich kennen lernen.

Lord Hamilton

Ihre Gegenwart ist mir unerwünscht, und wenn Sie nicht gehen wollen, so werde ich einem meiner Diener befehlen müssen, Sie hinauszubegleiten.

Emma Lyon

Ah? wirklich? würden Sie das wirklich tun?

Lord Hamilton

(nimmt die Handglocke, läutet).

Emma Lyon

(fast fröhlich)

Ich bin gespannt, ob Sie dazu den Mut finden werden.

Ein Diener

(kommt)

Mylord befehlen?

Lord Hamilton

(heftet plötzlich einen etwas verzagten Blick auf Emma Lyon; er zaudert).

Der Majordom

(kommt)

Mylord befehlen?

Emma Lyon

(lächelnd)

Ich kann mir nicht vorstellen, daß ein Gentleman sich auf diese Weise einer Dame entledigt.

Lord Hamilton

(zum Majordom, gepreßt)

Sagen Sie Mister Dashwood, er möge warten. (Winkt den beiden, das Zimmer zu verlassen.)

Der Majordom

Sehr wohl. (Ab mit dem Diener.)

Emma Lyon

Jetzt bleibt Ihnen nichts übrig, als daß Sie selbst die Flucht ergreifen, Mylord.

Lord Hamilton

(bleibt unwillkürlich stehen)

Ich fliehe nicht, ich ignoriere bloß.

Emma Lyon

Aber Sie haben mich doch nicht ignoriert, als Sie Spione auf meine Spur geschickt haben, die meine Vergangenheit durchschnüffeln mußten, – wie kommt das?

Lord Hamilton

Es geschah für die Ehre der Familie.

Emma Lyon

Und sind Sie überzeugt davon, daß man Ihnen die Wahrheit berichtet hat?

Lord Hamilton

Man hatte keinen Grund zu Entstellungen.

Emma Lyon

So war es nicht gemeint. Ich bezweifle nur, daß man imstande gewesen ist, Ihnen die ganze Wahrheit zu enthüllen. Vielleicht hätten Sie dann eine Kompagnie

171

Soldaten aufgeboten, um Sir Francis' Unschuld vor mir zu schützen.

Lord Hamilton

Dieser Zynismus entwaffnet mich nicht. (Finster.) Sagen Sie in aller Kürze, was Sie noch zu sagen haben. Ich will versuchen, Sie anzuhören, um mich nicht dem Vorwurf auszusetzen, als ob ich ungehört verdammte.

Emma Lyon

Warum sollten Sie mich denn verdammen, Mylord? Ist es etwa nicht erlaubt, daß einer von dem Kapital lebt, das er besitzt? Ziehen Sie nicht mit Hilfe Ihrer Pächter aus Ihren Ländereien so viel Gewinn, wie Sie daraus ziehen können? Sie würden lachen, obwohl Sie vermutlich ungern lachen, wenn ich Sie bitten würde, mir eine Wiese oder ein Stück Wald zu schenken. Warum also sollte ich mich verschenken? Ich habe nur mich selbst. Ich beleidige Ihr keusches Ohr, ich weiß es. Es gibt keinen Kiebitz, der nicht die Tugend preist. O ja, die Tugend ist eine ganz schöne Sache, wenn das Lebensspiel sie nicht als Einsatz fordert. Wenn mir das Schicksal die Versprechungen erfüllt, die ich ihm abgerungen habe, will ich so tugendhaft sein wie ein zahnloses altes Weib. Bis dahin kann mich nicht einmal Ihre Verachtung hindern, meine – Wälder und Ländereien zinstragend zu verwerten.

Lord Hamilton

(begegnet endlich ihrem Blick, wendet jedoch sofort wieder die Augen ab. Die schlaue Emma Lyon bemerkt, daß er nicht mehr daran denkt, sie durch Hinausgehen zu brüskieren. Diese Sicherheit gibt ihr noch mehr Impertinenz. Der Lord zieht die Brauen zusammen und versetzt widerwillig)

Das alles interessiert mich nicht. Auch sehe ich keinen plausiblen Grund darin, weshalb Sie Ihre Netze gerade nach meinem Sohn werfen mußten.

172

Emma Lyon

Na, einer muß es doch sein.

Lord Hamilton

Die vernünftige Erwägung muß Ihnen sagen, daß diese Spekulation verfehlt ist.

Emma Lyon

Keineswegs. Weshalb denn? Was können Sie ihm anhaben? Sie werden ihn aufs Trockene setzen. Gut. Sie werden ihn des baren Geldes berauben, mehr ist Ihnen nach den Gesetzen unseres Landes nicht verstattet. Grund und Boden muß er erben. Sie sehen, auch ich habe mich unterrichtet.

Lord Hamilton

Francis ist nicht der Mann, um einer Torheit willen zwanzig Jahre lang zu hungern. Denn so lange gedenke ich mindestens noch auf Easton Park zu wohnen.

Emma Lyon

Das glaub ich. Aus lauter Trotz werden Sie am Ende hundert Jahre alt. Aber auf die Dauer können Sie nicht so verblendet sein, der friedlichen Fortpflanzung Ihres Geschlechts unnötige Hindernisse zu bereiten.

Lord Hamilton

Sie irren.

Emma Lyon

Ich gebe Ihnen mein Wort, daß ich Lady Hamilton sein werde, – so oder so.

Lord Hamilton

(kalt)

Dann werde ich Ihnen beweisen müssen, daß es noch Mittel in England gibt gegen Abenteuerinnen Ihres Schlags.

Emma Lyon

Nein, Mylord, die gibt es nicht. Und wissen Sie, warum nicht? Weil in England Männer regieren.

Lord Hamilton

Ja, glauben Sie denn im Ernst, daß Ihnen kein Mann im Königreich gewachsen ist?

Emma Lyon

Ach, Mylord, Sie tun mir leid! Sie ahnen nicht, wie sie alle schmelzen, wie die stolzesten Hähne klein werden und sich die Federn putzen und wie gefällig sie mit den Füßen scharren und wie einladend sie krähen, wenn ich bloß am Horizont auftauche. Neulich hatte ich in Kings bench zu tun; na, da war ein Richter, – ich kann Ihnen sagen, sein Gesicht war saurer als Essig, und er hatte eine Art dreinzublicken, als läge es in seiner Macht, die ganze Christenheit um einen Kopf kürzer zu machen. Ich war angeklagt, weil der Sohn des Lord Hervey idiotisch genug war, hunderttausend Pfund in meiner Gesellschaft zu verspielen, als ob es meines Amtes wäre, erst nachzufragen, wie lang ein Grünspecht vom Wickeltisch zum Pharaotisch sich Zeit lassen muß. Kaum hatte ich angefangen, mich zu verteidigen, kaum hatte ich mein seidenes Tuch gezogen, um meinen Tränen ein anständiges Quartier zu verschaffen, da zerging der Gestrenge schon wie Butter, er machte Zeichen mit den Händen, grinste wie ein Hökerweib am Feierabend und hatte Augen so lang wie ein Hummer, wenn man ihn ins heiße Wasser tut. Ich konnte nicht widerstehen, ich mußte ihn durch ein paar freundliche Worte aufmuntern.

Lord Hamilton

(dem plötzlich unbehaglich wird)

Ich bin nicht fähig, Ihrer Suada zu begegnen, Madame. Ich bekenne offen, daß ich ein schlechter Redner bin. Selbst das Zuhören ermüdet mich, und meine Gedanken schweifen haltlos umher. Haben Sie doch die Güte, mich jetzt allein zu lassen. Vielleicht erteilen Sie Mister Wardle Auftrag, daß er Ihnen den Lunch serviere, bevor Sie Easton Park den Rücken kehren.

Emma Lyon

Wenn ich in Easton Park den Lunch nehme, Mylord, werde ich es entweder in Ihrer Gesellschaft oder gar nicht tun.

Lord Hamilton

(setzt sich mit versorgtem Gesicht)

Also wie soll das enden?

Emma Lyon

(mit versteckter Schelmerei)

Ist Ihnen nicht wohl, Mylord? Sicherlich ist Ihnen nicht wohl. Es wäre grausam, wenn ich Sie jetzt allein ließe.

Lord Hamilton

Es scheint, Sie treiben ein Spiel mit mir ...

Emma Lyon

Gott bewahre. Dazu ist mein Respekt viel zu groß. Ich habe ein bißchen Revolution auszuführen versucht, das ist alles, aber Ihre Unerschütterlichkeit flößt mir Bewunderung ein. Mit Ihnen kann man nicht paktieren. Trotzdem schlage ich Ihnen ein Kompromiß vor. Überzeugen Sie mich davon, daß Ihr Geschlecht zu keiner Zeit und unter keiner Bedingung

175

ein plebejisches Reis auf seinen erlauchten Stammbaum gepfropft hat, und ich will mich bescheiden. Ich gebe Sir Francis den Laufpaß, wenn Sie mir beweisen können, daß Ihre adeligen Vorfahren keinen andern Ehrgeiz gehabt haben, als eine fehlerlose Genealogie zu fabrizieren.

Lord Hamilton
(in die Enge getrieben, vornehm)

Wenn ich eine Erörterung hierüber für möglich hielte, würde ich die Fundamente untergraben, auf denen ich stehe.

Emma Lyon

Und damit soll ich mich zufrieden geben? Die Klatschbase, die man Geschichte nennt, behauptet ganz frech, daß hin und wieder eine ziemlich zweifelhafte Lady ins Ehebett eines leichtsinnigen Lords geschlüpft ist. Oder ist es Schwindel, daß Lord James eine arme irische Schauspielerin geheiratet hat? Sie soll freilich so schön gewesen sein, daß während ihrer Vorstellung bei Hof der Scharlach der Aristokratie auf Tische und Stühle stieg, um sie zu sehen. Douglas Hamilton vergaß sich so weit, die Tochter eines Akziskommissärs mit seiner Hand zu beglücken. Von einigen Ladies habe ich mir gar sagen lassen, daß sie mit Kutschern, Schreibern, Schmugglerkapitänen ...

Lord Hamilton
(nervös)

Nicht weiter, Madame! Genug der Indiskretionen.

Emma Lyon

Die Wahrheit wird immer beschimpft, wenn sie unbequem ist. Sehen Sie mich doch einmal an, Mylord! Kommt es Ihnen nicht so vor, als ob ein Frauenzimmer meiner

Kategorie geeigneter wäre, die verdickten Ahnensäfte wieder zum Moussieren zu bringen, als irgend eine hochgeborene Kuh aus einem sublimen Stall –?

Lord Hamilton

Stall –? Kuh –? Um Himmels willen, was für Worte!

Emma Lyon

Ich habe jetzt nicht Lust, auf meine Worte zu achten. Sehen Sie mich an, sage ich.

Lord Hamilton
(irritiert)

Nun ja ... ja ... ich sehe.

Emma Lyon

Was finden Sie an meinem Wuchs zu tadeln?

Lord Hamilton
(noch mehr irritiert)

Ich habe ... offengestanden ... darüber kein Urteil.

Emma Lyon

Wer verstände nicht zu tadeln, auch wenn er kein Urteil hat! So schauen Sie wenigstens. Was haben Sie an diesen Schultern auszusetzen? was an der Büste? Diese Linien (mit den Fingerspitzen an den Hüften entlang streifend) sind edler als jeder Name. Der Fuß, Mylord, (hebt ihr Kleid ein wenig) zeigen Sie mir einen aristokratischen Fuß, vor dem er sich verstecken müßte. Und der Nacken, – (wendet sich) mißfällt er Ihnen? Die Haare, – braucht man sich ihrer zu schämen? Die Hand, – läßt sie auf eine schlechte Rasse schließen? Ohr, Nase, Stirn, Zähne, Lippen, – vertragen sie nicht jede Kritik? Romney hat mich vierzehnmal porträtiert, Mylord.

Lord Hamilton

(bestürzt und im Anfangsstadium einer verhängnisvollen Narkose)

Romney ... jawohl. Mister Romney ist ein Meister seines Handwerks. Er hat auch die Königin gemalt, wenn ich nicht irre ... Aber würden Sie nicht die Freundlichkeit haben, Miß Lyon, sich in größerer Entfernung von mir aufzuhalten? Ihr Parfüm ist es, glaube ich, das mich schwindlig macht.

Emma Lyon

(diebisch)

Soll ich das Fenster öffnen, Mylord?

Lord Hamilton

Ich wäre Ihnen verbunden, wenn Sie mir ein Glas Wasser reichen wollten.

Emma Lyon

(tritt beflissen zum Tisch, schenkt aus einer Karaffe Wasser in ein Glas, bringt es ihm).

Lord Hamilton

Ich danke Ihnen.

Emma Lyon

(nachsichtig)

Sie sind an die Nähe von Frauen nicht mehr gewöhnt, Mylord.

Lord Hamilton

Durchaus nicht. – Durchaus nicht.

Emma Lyon

Schade. Dabei vertrocknet das Temperament. Ist Ihnen besser? (Sie faßt seine Hand.) Die arme kalte Hand!

Lord Hamilton

(scheu)

Die Ihre freilich, Miß Lyon, die Ihre ist hinlänglich warm.

Emma Lyon

Wie pedantisch! Hinlänglich warm! O Gott!

Lord Hamilton

Es ist außerdem eine begehrliche Hand; sie ist allzu begehrlich.

Emma Lyon

Wer nicht zehnmal so viel begehrt als ihm gewährt wird, der soll nicht zu leben anfangen. Weiter, Herr Chiromant? Was sehen Sie noch? Daß ich neugierig bin? Stimmt. Eitel? Stimmt. Treulos? Stimmt. Aber treulos machen uns nur die, die kraftlos sind.

Lord Hamilton

Was ist das für eine Narbe hier neben dem Daumen?

Emma Lyon

Sie stammt von den Zähnen des Prinzen von Wales.

Lord Hamilton

Wieso? Ist er bissig?

Emma Lyon

Er beißt aus Enthusiasmus. Aber er steht in meiner Schuld dadurch. Die Narbe ist unter Brüdern eine Einladung nach St. James wert.

Lord Hamilton

Was doch alles geschieht! Sonderbar. Ich muß gestehen, ich fasse nicht die Existenz, die Sie führen. Da reiht sich wohl Fest an Fest und Genuß an Genuß, und für Genauigkeit und Regelmäßigkeit bleibt nichts mehr übrig. Und dabei kann man leben ... es macht wohl gar Spaß? Sonderbar. Eine sonderbare Welt!

Emma Lyon

Die zu beklagen ist, weil Sie sich von ihr fern halten, Mylord.

Lord Hamilton

Keine Flatterien, Miß Lyon! Ich liebe nicht die Exaltationen des Vergnügens.

Emma Lyon

(heuchlerisch)

Eigentlich haben Sie recht, Mylord. Es gibt nichts, was so anstrengend ist wie das Laster.

Lord Hamilton

Sehen Sie! Sehen Sie!

Emma Lyon

(versonnen)

Oder vielleicht doch ... Ich glaube, daß die Tugend noch anstrengender ist.

Lord Hamilton

Versuchen Sie es doch einmal ...

Emma Lyon

Meinen Sie?

Lord Hamilton

Fangen Sie damit an, daß Sie Ihre auf Sir Francis zielenden Absichten fallen lassen.

Emma Lyon

Aha, Sie wollen schon ein Geschäft mit meiner Tugend machen. Das ist ja eben das Verdächtige an der Sache.

Lord Hamilton

(steht auf)

Im Ernst, Miß Lyon: – Was kann Sie an dem Jüngling locken? Seine Geistesgaben, Sie müssen es selbst zugeben, sind keineswegs blendend. Er würde Sie langweilen, Sie würden ihn betrügen, und was wäre die Folge? Der Skandal in gesteigerter Häßlichkeit. Sie brauchen eine starke Hand. Einen reifen Mann brauchen Sie, der durch Erfahrung und Charakter befähigt ist, Ihrem ungebundenen Wesen Schranken zu setzen.

Emma Lyon

(zerknirscht)

Es ist wahr. Wenn Sie wüßten, Mylord, wie ich dieser jungen Leute satt bin, die ihre Leidenschaften mit so viel Lärm und Prätension zur Schau tragen! Ich sehne mich nach einem verschwiegenen und klugen Mann, so an der Grenze der Fünfzig, nach einem Mann, der nicht immer nur etwas haben will, sondern auch etwas gibt.

Lord Hamilton

(erfreut)

Nun also ...

Emma Lyon

Würden Sie mir helfen?

Lord Hamilton

Ich ... ja, gewiß ... Ich würde sehen, was sich tun läßt.

Emma Lyon

Aber Sie haben doch hoffentlich nicht vergessen, daß ich vor zehn Minuten geschworen habe, Lady Hamilton zu werden? Ich gedenke, das Gelübde unter allen Umständen zu erfüllen.

Lord Hamilton

Das versteh ich nicht ...

Emma Lyon

Verständlicher kann nichts auf der Welt sein.

Lord Hamilton

(vor Schrecken gelähmt)

Sie meinen –?

Emma Lyon

Ja!

Lord Hamilton

Ich? – Ich –? Ich sollte –? Sie träumen wohl, Miß Lyon? (Er fällt in den Stuhl zurück.)

Emma Lyon

(läßt sich in einer reizenden Magdalenen-Stellung vor ihm auf die Knie nieder. Da er nicht zurückweichen kann, preßt er den Rücken gegen die Lehne und drückt den Kopf in den Nacken)

Sie wären schwerlich, trotz meines ununterbrochenen Geschwätzes, bis zu diesem Augenblick im Zimmer geblieben, wenn ich Ihnen nicht gefallen hätte, Mylord. Und jetzt ist es leider zu spät. Fängt dieses Gift einmal zu wirken an, dann ist man verloren.

Lord Hamilton

(klagend)

Zweifellos. Ich habe es an der nötigen Festigkeit fehlen lassen.

Emma Lyon

Und mir sprechen Sie jedes Verdienst ab?

Lord Hamilton

Ich kann nicht leugnen, daß Ihnen eine ... wie soll ich mich nur ausdrücken? – eine seltsame Gewalttätigkeit eigen ist.

Emma Lyon

Gut. Ich akzeptiere das Kompliment.

Lord Hamilton

Nichtsdestoweniger befinden Sie sich mit Ihrer Vermutung, was meinen Seelenzustand betrifft, auf dem Holzweg. Ich will es wenigstens hoffen.

Emma Lyon

Sie kennen die menschliche Natur nicht so gut wie ich, Mylord. Ich will Ihnen sagen, was Ihnen bevorsteht, wenn Sie jetzt eigensinnig sind. Ich reise ab. Ihre Gedanken verursachen Ihnen ein unangenehmes Kribbeln, Sie sind unzufrieden mit sich, Sie haben keinen Appetit mehr, des Nachts flieht Sie der Schlaf, und plötzlich, Sie wissen selbst nicht wie, fassen Sie den Entschluß, mich aufzusuchen. Da erscheint eines Tages Lord Hamilton im Salon von Emma Lyon. Aber Emma Lyon wird durchaus nicht auf die Kniee fallen, so wie jetzt. Emma Lyon wird spöttisch lächeln; sie wird Seiner Herrlichkeit einen Stuhl bieten, sie wird mit Mister Jennings plaudern und wird die Albernheiten von Mister Davis entzückt anhören und wird Sir Roberts empfangen, und Mylord wird gehen, verdrießlich, aufgebracht, wütend gegen sich und mich, aber er wird wiederkommen, er wird Blumen bringen, er wird Geschenke bringen, all die Laffen und Schmeichler und Dandies werden ihm lästig sein, aber Emma Lyon wird sagen: Platz genug im Hause! Dort unter der Treppe ist für die Mißgelaunten Platz, und unterm Dachboden für die Hochmütigen, und im Keller für die Moralisten. Und mein kleiner Schoßhund wird kläffen, wenn Sie nahen, und diese weiße begehrliche Hand wird ihre Finger spreizen, – so, denn ich, Mylord, (sie erhebt sich) ich würde Sie zappeln lassen. Und davor möge Gott Sie bewahren.

Lord Hamilton
(murmelnd)

Niemals würde ich mich so tief erniedrigen.

Emma Lyon
(kategorisch)

Sie werden es tun! Ihre Augen versichern es mir. Ich erspare Ihnen demnach eine unabsehbare Reihe von Qualen und Kränkungen durch ein freimütiges Anerbieten.

Lord Hamilton
(schüttelt den Kopf)

Ich vermute, Miß Lyon, Sie ahnen nicht, was ich durchzusetzen vermag, selbst gegen meine heftigsten Wünsche und Triebe. Insofern bleibt also Ihr Schreckbild ohne Wirkung. Aber Sie verfechten Ihre Sache mit Bravour und nicht ohne Geist. Ich liebe das. In diesem hübschen kleinen Kopf rumort ein Teufel, den zu zähmen der Mühe vielleicht verlohnen könnte. Wie Sie richtig bemerkten, bin ich des Elements entwöhnt, das, in Ihnen personifiziert, meinen Frieden so geräuschvoll unterbrochen hat. Ich habe jedoch gerade dadurch erkannt, daß zwischen mir und der Welt eine gewisse Entfremdung besteht, und ich könnte Ihren Vorschlag in Betracht ziehen, wenn nicht Hindernisse vorlägen, die für mich beinahe unüberwindlich sind. Der Doktor Graham ... das himmlische Bett ... die Mystifikation als Göttin Hygäa ... (Schüttelt wieder den Kopf.) Das sind üble Dinge ... üble Dinge.

Emma Lyon

Die mich vor dem Verhungern geschützt haben, Mylord.

Lord Hamilton

Sie hätten eine minder exponierende Abhilfe wählen sollen.

Emma Lyon

Ich hatte keine Wahl. Ich bin auch nicht schlechter geworden dadurch. Es war eine Hülle, die ich angelegt habe.

Lord Hamilton

Verzeihen Sie, die Hülle, – die haben Sie abgeworfen.

Emma Lyon

Man kann alle Hüllen abwerfen und doch undurchdringlicher sein als in Panzern.

Lord Hamilton

Das ist Rabulismus.

Emma Lyon

Sie haben wenigstens die Sicherheit, daß ich gegen jede künftige Verführung und Verlockung gefeit bin. Alles was andere lüstern macht, davon habe ich genug und übergenug.

Lord Hamilton

Das ist ein Argument.

Emma Lyon

Die Welt ist vergeßlich. Ein Name, wie der Ihre Mylord, deckt jugendliche Torheiten zu.

Lord Hamilton

(mit einem Rest von Bedenklichkeit)

Ich bin fünfundfünfzig Jahre alt ...

Emma Lyon

Man hat mir erzählt, und ich habe mich darüber amüsiert, daß Sie es bisweilen nicht verschmähen, der Zeit Gewalt anzutun. Ich, sehen Sie, ich kann das auch. (Sie steigt auf einen Stuhl, öffnet das Uhrgehäuse und dreht den großen Zeiger sehr schnell und mehrere Male über das Zifferblatt zurück.)

Lord Hamilton

Was tun Sie da, junge Hexe! (Das Uhrwerk knackt, der Pendel hört auf zu schwingen.)

Emma Lyon

Ich drehe die Jahre zurück, Mylord, und wenn ich will, – sehn Sie! – bleibt die Zeit stehen! (Sie springt herab.) Wir gehen nach Italien, Mylord! (mit ausgebreiteten Armen, bacchantisch.) Illuminationen! Barken auf dem Meer! Mondschein und Liebeslieder! Fackeltanz und Tarantella!

Lord Hamilton

(vor sich hin)

Es bliebe noch zu erwägen, ob hier ein freier Entschluß oder die Macht einer Bezauberung vorliegt. – Gönnen Sie mir, Miß Lyon, gönnen Sie mir Frist bis morgen.

Emma Lyon

So lang Sie wollen. Nur bedenken Sie, daß auch ich Dispositionen zu treffen habe –

Lord Hamilton

Ich könnte es versuchen ...

Emma Lyon

Schön, versuchen wir es.

Lord Hamilton

Begleiten Sie mich für zwei Monate nach dem Süden.

Emma Lyon

Zwei Monate? Das ist etwas wenig.

Lord Hamilton

Sagen wir vier Monate.

Emma Lyon

Wenn ich so durchtrieben wäre wie man mich Ihnen geschildert hat, wäre ich mit drei Tagen zufrieden. Aber ich bin eine ehrliche Person und sage Ihnen ohne Umschweife: drei Tage Probezeit oder drei Jahre oder dreißig Jahre, das ist für mich im Grunde gleichgültig, denn nach dem ersten Tag werden Sie vom letzten nichts mehr wissen wollen.

Lord Hamilton

Ihre Prophezeiung ist sehr kühn. Immerhin bleiben wir vorläufig bei den vier Monaten.

Emma Lyon

Vergessen Sie nicht, daß Sie Ihren Sohn vor eine unwiderrufliche Tatsache stellen müssen, sonst komme ich ihm gegenüber in eine schiefe Position.

Lord Hamilton

Eine bedeutende Schwierigkeit. Wie soll ich ihm eröffnen –?

Emma Lyon

Sie überschätzen ihn doch. Die Schwierigkeit ist mit zwei Worten aus der Welt geschafft. (Sie nimmt die Handglocke, läutet.)

Lord Hamilton
(verwundert)

Oh! Sie ergreifen die Initiative mit großem Feuer.

Der Majordom
(tritt ein)

Mylord befehlen?

Emma Lyon

Sir Francis soll kommen.

Der Majordom
(erstaunt über den diktatorischen Ton von dieser Seite)

Mylord wünschen Sir Francis?

Lord Hamilton
(kalt)

Sie haben gehört.

Der Majordom

Mister Dashwood läßt gehorsamst fragen, ob er sich entfernen kann. Er hat dringende Geschäfte.

Emma Lyon

Er soll warten. – Ist nicht Frühstückszeit?

Lord Hamilton

Es dürfte Frühstückszeit sein.

Der Majordom
(schaut auf die Wanduhr)

Jawohl; es ... (Stockt verblüfft.) Die Uhr steht.

Lord Hamilton

Ja. Die Uhr steht.

Emma Lyon

Es soll serviert werden.

Der Majordom
(bekümmert und fast vorwurfsvoll)

Soll serviert werden, Mylord?

Lord Hamilton

Sie hören.

Emma Lyon

Auch fehlt noch ein Gedeck.

Der Majordom

Noch ein Gedeck, Mylord?

Lord Hamilton

Noch ein Gedeck.

Der Majordom

Sehr wohl. (Ab.)

Emma Lyon

Der Mann scheint auf dem rechten Ohr taub zu sein.

Lord Hamilton

(in ziemlicher Unruhe)

In welche Form soll ich also Francis gegenüber die Mitteilung kleiden?

Emma Lyon

Sie sagen ihm, daß Sie seine Schulden bezahlen und mich dafür in Ihre Obhut nehmen.

Lord Hamilton

(zieht die Stirn in Falten)

Das wäre ja ein regelrechter Handel!

Emma Lyon

Ich habe noch nie gehört, daß ein Engländer in Ohnmacht fällt, wenn von einem Handel die Rede ist.

Lord Hamilton

Wie viel betragen seine Schulden?

Emma Lyon

Eine Lappalie. Vierzigtausend Pfund.

Lord Hamilton

Wie? Und das nennen Sie eine Lappalie?

Emma Lyon

(lacht)

Also fange ich schon an, Ihnen teuer zu werden?

Lord Hamilton

Wenigstens geben Sie mir einen starken Begriff von Ihrer –
Weitherzigkeit.

Emma Lyon

Wo geknausert wird, kann ich nicht froh sein.

Lord Hamilton

Ich werde trachten, Sie bei guter Laune zu erhalten.

Emma Lyon

(streckt den Arm aus)

So küssen Sie mir die Hand.

Lord Hamilton

(beugt sich mit steifer Galanterie; während er ihr die Hand küßt, kommt)

Sir Francis

(bleibt bei diesem Schauspiel wie angewurzelt stehen. Gleich hinter ihm
kommen: der Majordom, dem ein Diener mit dem fehlenden Gedeck folgt;
hinter diesem ein zweiter Diener mit dem Tablett, auf dem sich die Speisen
befinden. Gleich darauf erscheint auch Mister Dashwood auf der Schwelle.
Die Tür zur Halle bleibt offen).

Lord Hamilton

(geht zum Tisch, gibt dem Majordom Anweisung über die Sitzordnung, dann
tritt er zu Mister Dashwood und spricht mit ihm. Dieser lauscht aufmerksam

und verbeugt sich oft zum Zeichen seines Eifers. Indessen ist Sir Francis zu Emma Lyon getreten).

Sir Francis

(bewundernd; leise)

Das war ein Meisterstück, Emma. Wie hast du ihn denn herumgekriegt?

Emma Lyon

Still, lieber Freund. Keine Elogen. Du wirst alles hören. Jetzt hab ich Hunger wie ein Matrose.

Sir Francis

Und zahlt er die fünfundzwanzigtausend Pfund –? Du weißt, meine Gläubiger drängen ...

Emma Lyon

Fünfundzwanzig und noch fünfzehntausend dazu.

Sir Francis

(entzückt)

Du bist umsichtig wie ein Kaufmann!

Lord Hamilton

(zu Mister Dashwood)

Die Informationen waren falsch. Es ist dies eine Gewissenlosigkeit, die ich ahnden muß, und Sie tun gut daran, Mister Dashwood, wenn Sie den Londoner Herrn darauf aufmerksam machen, daß ich ihn wegen böswilliger Verleumdung bestrafen lassen werde.

Mr. Dashwood

Gewiß, Mylord, gewiß. Die Zunge der Menschen ist ein giftiges Instrument und unheilvoll in ihren Wirkungen –

Lord Hamilton

(unterbricht den drohenden Redeschwall und wendet sich auch an Sir Francis)

Miß Emma Lyon hat mich davon überzeugt, daß alles, was wir von ihrem früheren Leben gehört haben, nichtswürdige Lügen sind.

Sir Francis

Das hab ich ja gleich gesagt –

Lord Hamilton

Es gibt keinen Doktor Graham ... Es gibt kein himmlisches Bett, und sie hat niemals eine Göttin Hygäa dargestellt. Genug davon. Es sei von solchen Dingen nicht mehr die Rede. Sie können gehen, Mister Dashwood.

Mr. Dashwood

(mit tiefer Verbeugung ab).

Lord Hamilton

(mit der Taschenuhr in der Hand)

Darf ich zu Tisch bitten? Es ist zwölf Uhr, fünf Minuten. (Mister Dashwood hat sich entfernt.)

Emma Lyon

Ihre Präzision, Mylord, verspricht meinem Magen ein Dasein von angenehmer Sorglosigkeit.

Lord Hamilton

Zuerst den Bordeaux, John. (Emma Lyon und Sir Francis haben Platz genommen, der Lord bleibt stehen.) Mein lieber Sohn, erlaube mir, dich von einem freudigen Ereignis zu unterrichten. Miß Emma Lyon ist von heute ab keine Fremde mehr für dich. Verehre in ihr (stockt; Pause, dann mit ruhiger Sicherheit) deine zukünftige Mutter, Lady Hamilton.

Sir Francis

(springt auf, läßt sich aber unter dem hoheitsvollen und bannenden Blick seines Vaters wieder aus den Sessel nieder).

Lord Hamilton

Den Fisch, Mister Wardle!

Vorhang.

Hockenjos

Personen:

Karinkel, Bürgermeister

Bienemann, Redakteur

Mettenschleicher, Bildhauer

Hockenjos

Hannewickel, Stadtrat

Abendrot, Amtsschreiber

Binder, Kommissär

Ein Amtsdiener, ein Kellnerbursche

Spielt in einer kleinen süddeutschen Stadt.

Kanzlei des Bürgermeisters. Rechts und links Türen. Hinten zwei Fenster mit Aussicht auf einen von altertümlichen Häusern umgebenen Platz, in dessen Mitte das noch umhüllte Denkmal steht.

Abendrot

(schlägt mit einem Aktenheft Fliegen tot)

Hin muscht werde! Pardon gibt's net ... hätt'scht es vorher überlegt, mei Schätzle ... hin muscht werde, sag' ich ...

Karinkel

(ein untersetzter, glattrasierter, eiliger Mann, kommt; er ist im Frack)

Was treiben Sie denn da, Abendrot?

Abendrot

Die Fliege schlag' i tot, Herr Bürgermeischter.

Karinkel

Die Fliegen schlagen Sie tot? Sind Sie verrückt, Mensch? Wo wir bis an den Hals in Arbeit stecken!

Abendrot

Ich hab' ja bei der Denkmalsenthüllung nix zu tun, Herr Bürgermeischter.

Karinkel

Scheren Sie sich an die Arbeit. Und wenn Sie nichts zu tun haben, dann tun Sie wenigstens so, als ob Sie was zu tun hätten. Das fordert die Würde des Amtes. Der Professor Mettenschleicher muß jeden Moment kommen, – was soll er sich denken, wenn Sie Allotria treiben.

Abendrot

Isch scho guet, Herr Bürgermeischter ...

Karinkel

Keine Widerrede! Diese Biederkeit, diese ewige Treuherzigkeit! wie sie mir auf die Nerven geht! Ich weiß nicht, wo mir der Kopf steht, und der Mensch schlägt Fliegen tot. (Es klopft.) Herein!

Mettenschleicher

(tritt ein; ein großer, würdevoll aussehender, schwarzbärtiger, seriöser Mann, ebenfalls im Frack)

Guten Morgen.

Karinkel

Guten Morgen, lieber Professor. Wie geht's? wie steht's? Gut geschlafen? gut geträumt? Hat unser bescheidenes Hotel Ihren Ansprüchen genügt? Oder haben Sie irgend welche Rekriminationen? Ich lege großen Wert darauf, daß es Ihnen bei uns gefällt.

Mettenschleicher

Danke, ich bin zufrieden. In so einem Städtchen wird mir immer behaglich zumut.

Karinkel

Na, na, Professor ... Städtchen ...

Mettenschleicher

Nun ja, es ist doch eine sehr kleine Stadt ...

Karinkel

Eine sehr kleine Stadt? – Eine kleine Stadt, das eher. Aber es ist gut, daß Sie sich wohl fühlen. Man hat nicht oft die Freude, einen so berühmten Meister bewirten zu dürfen. Noch dazu bei so feierlichem Anlaß ...

Mettenschleicher

(steif)

Zu viel Ehre.

Karinkel

Sagen Sie mal, verehrter Professor, um unser gestriges Gespräch fortzusetzen ... (Zögert, da er sich der Gegenwart Abendrots erinnert.) Gehen Sie hinüber in den Schwan, Abendrot, und bestellen Sie mir ein Gabelfrühstück. Fragen Sie, – aber fragen Sie Herrn Gumpelmaier selber – was man haben kann. Etwas Warmes natürlich. Am liebsten etwas vom Kalb.

Abendrot

Oder vielleicht Schweinsrippche?

Karinkel

(tiefsinnig)

Schweinsrippchen ... nicht übel. Schweinsrippchen oder Kalbsherz. Auch saure Nieren wäre eine Idee. Beraten Sie sich nur mit Herrn Gumpelmaier, der kennt meinen Geschmack. Der Kellner soll laufen, damit die Sache unterwegs nicht kalt wird. Dann gehn Sie in die Redaktion des Tagesboten und fragen Sie Herrn Bienemann, ob er meine Rede schon fertig hat. Er soll sich sputen, um zwölf Uhr kommt der Prinz, da muß alles auf dem qui vive sein.

Abendrot

Isch guet, Herr Bürgermeischter. (Ab.)

Karinkel

(seufzend)

Du lieber Gott, bis man so der schwerfälligen Welt Beine macht, Professor –! (Knipst, eilig zur Tür, ruft.) Hallo! – Abendrot! – Abgebratene Kartoffel soll er mitschicken! Wie? Sie Esel! Der Schwanenwirt natürlich. (Kehrt zurück, abermals seufzend.) Ein Mann, der nur für sich selber verantwortlich ist, ist ein glücklicher Mann.

Mettenschleicher

Wir dienen alle dem öffentlichen Wohl, Verehrtester. Jeder auf seine Weise.

Karinkel

Aber nicht auf jeden sind beständig die Augen des Publikums gerichtet, teurer Freund. So wie auf Sie und auf mich. Wenn ich noch einmal auf die Welt käme, – wissen Sie, wonach es mich gelüsten würde? (Ausdrucksvoll.) Es würde mich darnach gelüsten, das Leben eines einsamen, unverheirateten Privatgelehrten zu führen. Was brauchte ich da Belobungen? Anerkennung von unten oder von oben? – Da hätte man sein Genügen in sich selber, da hätte man keinen Orden nötig. In meiner Position freilich muß ich dergleichen haben, um meinen Mitbürgern den Beweis zu liefern, daß ich ihres Vertrauens würdig bin.

Mettenschleicher

Zweifellos. Sie sind ja auf dem besten Weg –

Karinkel

(erregt)

Es besteht also Aussicht –?

Mettenschleicher

Gewiß. Man muß es nur delikat behandeln …

Karinkel

Wissen Sie, was ich mir überlegt habe, Professor? Ich könnte ja, falls man mir den Michaelsorden verweigert, auch mit dem Friedrichsorden vorlieb nehmen.

Mettenschleicher

(vornehm belustigt von solcher Unwissenheit)

Der Friedrichsorden steht keineswegs niedriger im Rang als der Michaelsorden, mein lieber Bürgermeister. Der eine wie der andere wird nur dann verliehen, wenn sich der Betreffende in hervorragender Weise verdient gemacht hat.

Karinkel

(in wachsender Erregung)

Seit zwanzig Jahren mache ich mich verdient, Professor. Ich

tue ja überhaupt nichts anderes. Ich habe eine elektrische Beleuchtung, eine Wasserleitung, ein Findelhaus, einen Veteranenverein geschaffen; ich habe die Fortschritte der Sozialdemokratie nach Kräften aufgehalten, ich habe niemals und nach keiner Seite hin Anstoß erregt, weder bei der Geistlichkeit, noch bei der Regierung, – aber man kann sich doch nicht ausbieten! – Man hat doch seinen Stolz! Man wirkt in der Stille – und hofft, daß es bemerkt wird.

Mettenschleicher

Alterieren Sie sich nicht, lieber Freund.

Karinkel

Ich würde mich nicht beklagen, wenn es mir an loyaler Gesinnung gefehlt hätte. Denn ich begreife, daß die höchsten Kulturtaten nicht ins Gewicht fallen, wenn die loyale Gesinnung mangelt –

Mettenschleicher

Freilich. Die loyale Gesinnung, die wird vorausgesetzt. Wohin kämen wir denn sonst!

Karinkel

Das sagt sich leicht –: vorausgesetzt. Aber bis man sie erwirbt, bis man sie sozusagen einkeltert, damit sie süß und schmackhaft bleibt in all den Jahren, das ist nicht so einfach. Und nun habe ich noch dieses Denkmal gebaut –

Mettenschleicher

Eben. Das war dringend nötig. Es gibt kaum mehr eine deutsche Stadt, die nicht ihre marmorne Attraktion hätte, wenn ich mich so ausdrücken darf. Man ist höhern Orts sehr geneigt, solche Bestrebungen, soweit sie sich auf die Kunst beziehen, zu unterstützen. Sie sänftigen die Sitten, sie lenken die Instinkte des Volkes nach ungefährlichen Regionen.

Karinkel

Ehrlich gesagt, es ist ein Sorgenkind, dieses Denkmal –

Mettenschleicher

Warum denn? Lassen Sie sich nur nicht irre machen ...

Karinkel

Sie haben mich ja so weit gebracht, Professor ... Ihrer Energie haben wir es ja zu danken, daß ...

Mettenschleicher

Nun ja, ich fand es dringend geboten, daß auch Sie in diesem stillen Winkel Ihr Scherflein beitragen zur Vermehrung der nationalen Ideale.

Karinkel

Das klingt sehr hübsch –

Mettenschleicher

Erlauben Sie, das sind tiefste Lebensüberzeugungen!

Karinkel

Allerdings –

Mettenschleicher

Heraus mit der Farbe! Weshalb sind Sie so kleinlaut, heute, an Ihrem großen Tag?

Karinkel

Es wird von gegnerischer Seite behauptet, – haben Sie nicht

den Ochsenfurter Anzeiger gelesen? Da steht es drin –

Mettenschleicher

Ich lese solche Käsblätter nicht. Was steht drin?

Karinkel

Daß wir dem Hockenjos das Denkmal nur aus Wichtigtuerei errichtet haben ...

Mettenschleicher

Das ist der Neid.

Karinkel

Und daß es eine Blamage sei.

Mettenschleicher

Die Wühler muß man wühlen lassen.

Karinkel

Und daß der Hockenjos gar nicht in Neuguinea gewesen ist und daß er gar nicht bei der Expedition des Doktor Rittersteig war und daß er infolgedessen auch nicht von den wilden Papuanern erschlagen worden ist. Im Gegenteil, so behaupten diese Schurken, er sei in einer australischen Matrosenkneipe bei einem Raufhandel umgekommen.

Mettenschleicher

Leeres Geschwätz.

Karinkel

Na ja, ein Säufer war ja der Kerl. Der Wahrheit die Ehre.

Mettenschleicher

Es ist vollkommen gleichgültig, was der Hockenjos war.
Die Hauptsache bleibt, daß er tot ist. – Was sagt denn
Bienemann zu diesen Sudeleien? Er hat doch damals die
Nachricht von dem Ende des Hockenjos zuerst gebracht ...

Karinkel

Ach, mit dem Bienemann weiß man nie, wie man dran ist.
Ich fürchte, er glaubt gar nicht an das Genie von dem
Hockenjos.

Mettenschleicher

Es ist das Kennzeichen eines guten Journalisten, daß er in
einem solchen Fall eine Sache umso überzeugender vertritt.

Karinkel

Und ich selbst habe auch meine Zweifel ...

Mettenschleicher

Glauben Sie denn, lieber Freund, daß der Ruhm anders
fabriziert wird als auf diese Art? Neun Zehntel unserer
Berühmtheiten verdanken ihren Glanz dem Notizenmangel
einer Zeitung oder dem Hang nach Redensarten, der in den
Leuten von der Feder steckt. Es ist nicht meines Amtes, das
wirkliche Verdienst vom erlogenen zu trennen. Ich denke, es
liegt eine viel höhere Sendung darin, die häßliche Realität in
einen angenehmen Schein zu verwandeln. Je verworfener,
unwürdiger und unfähiger dieser Hockenjos in Wirklichkeit
war, desto mehr Grund für uns, der Welt ein so trauriges
Faktum vorzuenthalten und sein Bild zu veredeln. Wenn
man einem Menschen wie Hockenjos ein Denkmal setzt,
geschieht es nur, um seine wirkliche Gestalt zu verschleiern.
Dadurch eben bereichert man den Bestand an nationalen
Idealen.

Karinkel

Na ja, seine Gestalt mögen Sie am Ende verschleiern, aber die Bilder, die der Kerl gemalt hat, die können Sie nicht verschleiern. Wir haben ja eine Ausstellung veranstaltet, und was ich da von den hiesigen Damen zu hören bekommen habe, – wahrhaftig, der ganze Appetit auf die Kunst ist mir vergangen. Schamlose nackte Weiber hat er gemalt. Die können Sie doch nicht verschleiern.

Mettenschleicher

Wenn ein Künstler tot ist, verlieren seine Arbeiten den moralischen Charakter, wenn ich mich so ausdrücken darf. Schamlos waren die Weiber eigentlich nicht, nur nackt waren sie. Aber wer wird schließlich darnach fragen, was für Bilder der Hockenjos gemalt hat, wenn er vor seinem Denkmal steht? Keine Katze wird darnach krähen.

Karinkel

Kein Hahn, meinen Sie ...

Mettenschleicher

Kein Hahn, natürlich. Sie können sich in diesem Punkt getrost meiner Erfahrung überlassen, lieber Bürgermeister. Der Umstand, daß Hockenjos tot ist, verschafft ihm einen unbeschränkten Kredit an guter Meinung. Ich kannte eine ganze Reihe von Idioten, die bloß dem Zufall, daß sie gestorben waren, Bewunderer und Anhänger zu verdanken hatten. Dem Publikum sind nämlich die Künstler so ungeheuer gleichgültig, daß man ihm, wenn einer stirbt, weismachen kann, was man will.

Karinkel

Ich verstehe nicht viel von der Kunst, aber das eine muß man doch von ihr fordern: daß sie den Menschen bessert und erhebt.

Mettenschleicher

Das ist richtig, hat aber mit unserer Angelegenheit momentan nichts zu schaffen. Sie müssen stark sein, lieber Freund. Sie dürfen sich in Ihrer Überzeugung nicht erschüttern lassen.

Karinkel

In welcher Überzeugung meinen Sie?

Mettenschleicher

In Ihrer Überzeugung. Ein Mann hat doch nur eine.

Karinkel

(etwas stupid)

So. – Im allgemeinen bin ich ja stark. Aber einen Menschen muß man doch haben, dem man sein Herz eröffnen kann. (Es klopft.) Herein!

Bienemann

(kommt; schmaler gelbgesichtiger Mann von etwa dreißig Jahren. Tartarenbart, Zwicker. Er hat das Phlegma intelligenter Leute, die viele überflüssige und langweilige Dinge reden müssen. Hinter diesem Phlegma verbergen sich Neugier, Bosheit, Resignation und Menschenverachtung).

Karinkel

Guten Morgen, Bienemann! Sind Sie schon fertig?

Bienemann

Guten Tag, meine Herren. – Ja, ich wollte noch einige Punkte mit Ihnen besprechen ...

Karinkel

Darf ich die Herren miteinander bekannt machen, Redakteur Bienemann, Professor Mettenschleicher von der königlichen Akademie der bildenden Künste.

Bienemann

Freut mich, freut mich.

Mettenschleicher

Ich bin Ihnen für den schmeichelhaften Artikel im Tagesboten sehr zu Danke verpflichtet, Herr Doktor.

Bienemann

Noch nicht, Herr Professor, noch nicht.

Mettenschleicher

(verdutzt)

Was –? was, – noch nicht?

Karinkel

(ebenso)

Ja ... was – noch nicht?

Bienemann

Noch nicht Doktor, meine ich. Die Honoris causa ist noch nicht gegeben. Bienemann, ganz schmucklos Bienemann.

Karinkel und Mettenschleicher

(sehen einander an).

Karinkel

(mit dem Daumen über die Schulter weisend)

Stolz? wie? Demokrat! Ganz schmucklos Bienemann! (Lacht.) Ausgezeichnet!

Mettenschleicher

(geniert)

Na, na! (Klopft Karinkel mit fürstlicher Leutseligkeit auf die Schulter.)

(Klapperlärm. Ein Kellner kommt mit einer Platte, auf der das Frühstück in zwei Tellern dampft. Ein Amtsdiener eilt geschäftig voraus und säubert den Tisch. Beide entfernen sich wieder. Karinkel setzt sich mit strahlendem Gesicht, bindet die Serviette um den Hals und vergißt alle Sorgen.)

Bienemann

Mein Artikel hat Ihnen also gefallen, Herr Professor?

Karinkel

(kauend; taktlos)

Na, hören Sie, Bienemann, wenn mir so viele Elogen gemacht würden, wäre ich auch nicht unzufrieden. Es war famos. Und sehr aktuell.

Bienemann

Das schon; einige giftgeschwollene Schlangen können sich nämlich nicht darüber beruhigen, daß das Denkmal so rasch fertiggestellt worden ist. Vor sechs Wochen hatten wir die Todesnachricht in der Zeitung, und heute thront bereits der Marmor da draußen. Es ist ja wirklich die reine Hexerei.

Karinkel

(kauend)

Was geht die Leute das an? – Diese geschmorten Stückchen da sind köstlich. Wollen Sie nicht zugreifen, Professor? Nein? Schade.

Bienemann

(tut verlegen)

Freilich, das sag ich auch. Aber ein Mensch wie ich besteht aus lauter Ohren. Und so hör ich denn unter anderm das blödsinnige Gerücht, daß das Denkmal schon vorher fertig gewesen ist.

Karinkel

Wieso? Vor dem Tod des Hockenjos? Mit solchen Dummheiten sollten Sie uns nicht kommen, Bienemann. Ich verstehe ja nichts von der Bildhauerei, aber unser verehrter Meister hier konnte doch nicht die Unsterblichkeit des Hockenjos voraussehen.

Bienemann

Das sag ich auch; es sei denn, man macht Denkmäler auf Lager. Was meinen Sie, Herr Professor?

Mettenschleicher

(windet sich)

Ich will nicht hinterm Berg halten ... es hat mit dieser Sache eine eigene Bewandtnis. Ich hatte doch, wie Ihnen vielleicht erinnerlich ist, den Auftrag, ein Monument für den verstorbenen Sanitätsrat Ulfinger zu schaffen –

Bienemann

(roh)

Der die Schweinereien gemacht hat ...

Mettenschleicher

Schweinereien ist eine etwas starke Bezeichnung. Er war ein bedeutender Gelehrter, lebte aber leider Gottes über seine Verhältnisse, und ein halbes Jahr nach seinem Tod kamen die gefälschten Wechsel zum Vorschein. Es geschah alles, um den Skandal zu vermeiden, schließlich drang die Geschichte doch an die Öffentlichkeit, und das Denkmal konnte nicht aufgestellt werden. Meine ganze Arbeit war umsonst, der Marmor lag da –

Bienemann

Außerordentlich interessant!

Mettenschleicher

Und da traf ich gerade unsern Freund Karinkel, der den noch unbestimmten Plan hegte, etwas zur Verschönerung des hiesigen Stadtbildes zu tun.

Bienemann

Aha! und weil der Hockenjos eben das Zeitliche gesegnet hatte –

Mettenschleicher

Ja, so kamen wir überein –

Karinkel

(dankbar)

Sie waren es, teurer Meister, der mir die Idee gab!

Bienemann

Wirklich, eine Fügung des Himmels, dieses Zusammentreffen der Umstände! Da hat also der gute Hockenjos quasi ein von Herrschaften abgelegtes Denkmal bekommen.

Karinkel

(zornig)

Witzeln Sie nicht, Bienemann.

Bienemann

Aber Sie mußten doch Ihrem marmornen Sanitätsrat einen andern Kopf aufsetzen –?

Mettenschleicher

War merkwürdigerweise überflüssig. Die beiden Leute hatten eine gewisse Ähnlichkeit. Beide groß, ziemlich fett, langbärtig ... Außerdem, ein Denkmal ist doch ein Symbol.

Bienemann

Toll! einfach toll! Man lernt nie aus.

Mettenschleicher

Ich rechne selbstverständlich auf Ihre Diskretion. Außer Ihnen beiden weiß nur noch mein erlauchter Freund, der Prinz Albert, davon, ohne dessen Rat und Zustimmung ich etwas Derartiges überhaupt nicht unternehmen würde.

Bienemann

Das ist derselbe, der heute zur Enthüllung kommt?

Mettenschleicher

Derselbe. Er liebt die schönen Künste. Sie können sicher sein, daß er auch auf Sie ein Auge haben wird.

Bienemann
(verbeugt sich)

Oh! Danke sehr. – Müssen Sie nicht auf den Bahnhof, Herr Bürgermeister?

Mettenschleicher

Seine königliche Hoheit trifft ja erst um zwölf Uhr ein.

Karinkel

Ja, aber um viertelzwölf kommt der Regierungspräsident. Weiß der Stadtrat Hannewickel, daß er sich mit den Ehrenjungfrauen aufzustellen hat?

Bienemann

Die Ehrenjungfrauen und der Veteranenverein sind schon in vollem Wichs.

Mettenschleicher

Noch einen Vorschlag, meine Herren. Wie wäre es, wenn man heute noch ein Extrablatt drucken ließe, durch dessen Inhalt das Volk einige Aufklärung über die künstlerischen Verdienste des Malers Hockenjos erhielte?

Karinkel

Nicht schlecht ...

Mettenschleicher

Es ist in dieser Beziehung vieles versäumt worden –

Karinkel

Und man könnte die Verleumder damit zum Schweigen bringen. Nicht schlecht. Was meinen Sie, Bienemann?

Bienemann

Ein ziemlich teurer Spaß. Es fragt sich, ob die Interessen, die dabei im Spiele sind, eine solche Ausgabe fordern.

Karinkel

Es sind ideale Interessen, mein Lieber. Dafür ist nichts zu teuer.

Bienemann

Ideale Interessen? Entschuldigen Sie, meine Herren, aber an ideale Interessen glaub ich nicht. Sie auch nicht. Das Publikum auch nicht. Das ist eben das Heikle mit den idealen Interessen, daß niemand daran glaubt, weil zu viele ihren Vorteil daraus ziehen.

Karinkel

Pfui, Bienemann! Beständig gießen Sie Ihr nüchternes Öl in die Wogen unserer Begeisterung.

Bienemann

Das ist mein Beruf.

Mettenschleicher

Ein trauriger Beruf.

Bienemann

Sie dürften damit den Nagel auf meinen Kopf getroffen haben, Herr Bürgermeister. Wer mit Papier gefüttert wird, dem wachsen keine Blumen auf der Zunge.

Karinkel

Wenn Ihnen an meinem ferneren Vertrauen gelegen ist, so unterstützen Sie uns jetzt mit allen Ihren Kräften, Bienemann.

Bienemann

Ich soll also gewissermaßen die öffentliche Meinung beruhigen ...

Mettenschleicher

Ja ... wenn Sie es so betrachten ... obwohl, – öffentliche Meinung gibt es nicht.

Karinkel

(bürstet seine Kleider)

Die öffentliche Meinung sind wir.

Mettenschleicher

Öffentliche Meinung ist die Konspiration der Dummköpfe.

Bienemann

Die Herren sind entschlossen, wie ich sehe. Allen Respekt. Nun, was an mir liegt, soll geschehen. Die Druckerpresse hat schon ganz andere Dinge gerechtfertigt als Denkmäler. Die Ingredienzen, aus denen man den Brei der Zeitungsunsterblichkeit kocht, sind billig zu haben. Die Hauptsache ist der Superlativ. Das ist das Universalrezept. Der Superlativ ist für den Leser, was neunzigprozentiger Fusel für einen Gewohnheitstrinker ist. Leider nützen sich die Superlative jetzt so stark ab, daß eine neue Steigerung, ein Über-Superlativ eine wahre Wohltat für die Menschheit wäre.

Karinkel

Das ist mir zu hoch, davon versteh ich nichts.

Bienemann

Na, schön. Ich will Ihnen einen Hockenjos hinstellen, der sich gewaschen hat. Ich werde Ihnen mit einer Verklärung aufwarten, daß der Mann in seinem Grab noch Lust zu einer Himmelfahrt bekommt. Ich tue einfach, als ob Tizian ein Zimmermaler und Feuerbach der kleine Moritz gegen ihn wäre.

Mettenschleicher

Ich hoffe, daß diese Übertreibungen nur Ausflüsse einer momentanen Laune sind.

Bienemann

Nein, Herr Professor. Sie kennen den Abonnenten nicht. Wenn man dem Abonnenten einen neuen Mann glaubhaft machen will, muß man erst einen alten in Stücke reißen. Der Abonnent ist grausam, er will Blut sehen.

Karinkel

Ich denke, wir überlassen Bienemann da am besten seinem Genius.

Bienemann

Keinesfalls werde ich etwas davon wissen, daß der arme Hockenjos in unserer Mitte beinahe verhungert ist. Daß er mit Hohn abgefertigt wurde, als er sich vor vier Jahren um das Staatsstipendium bewarb. Apropos, waren Sie es nicht selbst, Herr Professor, der diese Sache damals hintertrieb –?

Mettenschleicher

(ärgerlich)

Mein Gott ja, ... ich kann nicht leugnen ... der Mann war

214

mir persönlich unsympathisch.

Karinkel
(ebenso)

Wozu kramen Sie denn die alten Sachen aus?

Bienemann

Ich werde auch davon schweigen, daß das Publikum vor seinen Bildern Lachkrämpfe bekam und der Magistrat ihm das Atelier auf der Schanze kündigen ließ, aus Gründen, die der Anstand zu erwähnen verbietet.

Karinkel
(wie oben)

Das war wegen der Modelle. Aber die Kunst, lieber Bienemann, wie soll ich sagen, die Kunst braucht eben keine Moral.

Mettenschleicher

Na! na! Da muß ich bitten –

Karinkel

Das heißt, ich meine: die Moral braucht keine Kunst.

Bienemann

Um seine Auswanderung plausibel zu machen, werde ich sagen, daß ihn malerische Probleme in die Tropen zogen.

Karinkel

Sehr gut.

Bienemann

Und während er das Gefieder der Paradiesvögel studierte,

um bisher unerhörte Farbenmischungen für seine Palette zu gewinnen, haben ihn die Eingeborenen erschlagen und verspeist.

Karinkel

(der sich die Zähne stochert, erschrocken)

Verspeist –?

Bienemann

Höchstwahrscheinlich.

Karinkel

Wissen Sie was? Setzen Sie sich gleich hier an meinen Schreibtisch und fangen Sie an. (Das Telephon klingelt, er eilt hin.) Hier Karinkel! Ja? Ja. Bitte. – In der Redaktion will man Sie sprechen, Bienemann. (Während Bienemann zum Apparat geht.) Für uns ist es jetzt Zeit, lieber Professor.

Mettenschleicher

Also gehen wir.

Bienemann

(am Telephon)

Hier Bienemann. (Pause.)

Karinkel

(setzt sich den Zylinder auf)

Ich bin neugierig, ob der Präsident eine Rede halten wird.

Mettenschleicher

Er kann Seiner königlichen Hoheit nicht vorgreifen.

Bienemann

(am Telephon)

Unsinn! – Wie? Gesehen worden? Wo? In Aßmannshausen? Da lebt ja die Frau jetzt? So. Einen Liebhaber. So. Natürlich. Durchgeprügelt? Nein! Nicht möglich! Da hat man Ihnen einen Bären aufgebunden. Einen Bä–ren! Das wäre ja unerhört.

Karinkel

Was ist denn los?

Bienemann

(am Telephon)

Ich gebe nichts auf solche Gerüchte. Schicken Sie einen verläßlichen Menschen hin. Schluß! (Läutet ab.) Recht heiter. Der Hockenjos soll in Aßmannshausen gesehen worden sein.

Karinkel

(wie erstarrt)

Um Gottes willen, Mensch, was reden Sie da!

Mettenschleicher

Das fehlte nur noch!

Bienemann

Er soll seine Gattin mit einem Viehhändler erwischt und den Galan windelweich geschlagen haben.

Karinkel

Aber lieber Bienemann, – das ist ja um den Verstand zu verlieren ...

Bienemann

Ich halte das Ganze für einen blinden Alarm.

217

Karinkel

Sie nehmen mir einen Stein vom Herzen.

Bienemann

Man will uns ins Bockshorn jagen.

Mettenschleicher

Eine Frivolität sondergleichen.

Bienemann

Kümmern wir uns nicht darum.

Karinkel

Wenn aber doch was Wahres dran ist ...

Bienemann

Bah! meine Informationen waren immer verläßlich. Wenn der Tagesbote jemand als tot meldet, dann ist er tot.

Karinkel

Es ist höchste Zeit. Wir müssen zur Bahn. Machen Sie sich nur gleich an die Arbeit, Bienemann. Lassen Sie uns nicht im Stich.

Bienemann

Auf Wiedersehen, meine Herren.

Karinkel und Mettenschleicher
(ab).

Bienemann
(setzt sich vor den Schreibtisch, zündet eine Zigarre an; behaglich)
Was der Sybarit für einen weichen Lehnsessel hat! Wenn ich

nicht Bienemann wäre, möchte ich Karinkel sein. (Legt das Papier zurecht.) Los also! Her mit euch, ihr bebänderten Adjektiva und geschniegelten Substantiva! ihr großmäulichen Interjektionen und schmetternden Exklamationen! ihr Metaphern, Hyperbeln und Epitheta! Ich rühr euch zusammen wie Mandeln und Rosinen in einem Kuchenteig, von dem die ganze Welt Verdauungsbeschwerden kriegt.

Abendrot
(tritt mit verstörtem Gesichtsausdruck unter die Türe; winkt)

Herr Bienemann! – Herr Bienemann!

Bienemann

Was gibt's? Ich habe keine Zeit.

Abendrot
(flüsternd)

's isch was Schreckliches passiert, Herr Bienemann ...

Karinkel
(kommt im Sturmschritt zurück, den Zylinder schief auf dem Kopf)

Bienemann, wir sind verloren!

Mettenschleicher
(seine Würde mühsam bewahrend, ist Karinkel gefolgt)

Eine Katastrophe!

Karinkel
(mehr heulend als redend)

Der Abendrot hat ihn zuerst gesehen. In der Bahnhofsstraße hat er ihn gesehen. Mitten unter den Leuten.

Bienemann

Und hat ihn jemand erkannt?

Abendrot

Noi, noi ...

Bienemann

War er allein?

Abendrot

Ganz alleine.

Mettenschleicher

Was für Maßregeln gedenken Sie zu treffen?

Karinkel

Er muß auf der Stelle fort.

Bienemann

Ist bis jetzt etwas unternommen worden?

Karinkel

Kommissär Binder ist mit zwei Wachleuten ausgerückt.
Hoffentlich gelingt es, den Kerl festzuhalten.

Mettenschleicher

Es ist eine entsetzliche Blamage.

Karinkel

Ich lasse ihn einsperren.

Bienemann

Überlegen wir die Sache gut, meine Herren, sonst kann's

uns an den Kragen gehn.

Karinkel

(wild)

Lassen Sie mich in Frieden mit Ihrem Kragen, Sie, Sie ... Unerschütterlicher!

Mettenschleicher

Es gibt nicht viel zu überlegen, hier heißt es handeln.

Bienemann

Also handeln wir.

Karinkel

Tun Sie mir nur den Gefallen, lieber Professor, und empfangen Sie den Präsidenten. Der Zug muß ja jeden Moment eintreffen. Irgend ein Würdenträger muß ihn doch begrüßen. (Das Telephon klingelt.) Großer Gott, was ist denn das schon wieder? (Bienemann eilt zum Telephon.)

Mettenschleicher

Gut ich gehe. (Ab. Ein Polizist tritt unter die offene Tür.)

Bienemann

(am Telephon)

Ja? – Ja! Eine Stunde früher? Danke. Schluß. (Läutet ab.) Der Hoftrain mit dem Prinzen trifft also um eine Stunde früher ein.

Karinkel

(der mit dem Polizisten gesprochen hat)

Also der Kommissär Binder hat den Hockenjos verhaftet und ihn gleich in einen Wagen setzen lassen. Er ist jetzt in der Wachtstube.

Bienemann

Dort kann er nicht bleiben.

Karinkel

Wie sagten Sie? Der Hofzug kommt um eine Stunde früher? Dann ist ja kein Augenblick mehr zu verlieren. Es ist elf Uhr. Mir ist ganz wirblig im Kopf. Wenn ich nur wüßte, wer an alledem schuld ist! (Ausbrechend.) Sie sind schuld, Bienemann! Sie haben seinerzeit die schwindelhafte Todesnachricht in die Zeitung gebracht.

Bienemann

Ich weise Ihre Anschuldigungen zurück. Meine Pflicht ist zu schweigen und zu schreiben, aber nicht den Sündenbock zu machen.

Karinkel

Sie sind ein ganz gefährliches Subjekt.

Bienemann

(verdrossen)

Ich bin kein Subjekt, ich bin ein Prinzip.

Karinkel

Großer Gott, warum hast du mir das angetan! Bienemann, liebster Herzensbienemann, laufen Sie schleunigst auf die Wache. Sehen Sie zu, daß keine Dummheit begangen wird. Keine Menschenseele darf dem Hockenjos nahe kommen. Niemand darf mit ihm sprechen. Nehmen Sie noch ein paar Polizeileute zu Hilfe. Nötigenfalls lassen Sie ihn binden –

Bienemann

In Ketten legen –

Karinkel

Was Sie wollen ... (Man vernimmt Glockenläuten.) Um Himmels willen, mir scheint, der Hofzug fährt schon ein. Ich komme zu spät. (Ab.)

Bienemann

Es ist am besten, wir lassen den Delinquenten hierher transportieren. Hier ist er am sichersten.

Abendrot

Da hawe Se recht, Herr Bienemann.

Bienemann

Rennen Sie hin und sagen Sie es dem Binder.

Abendrot

(zur Tür, lauscht, kehrt um)

Er bringt ihn schon von selber, der Kommissar ...

Bienemann

Na, der Mann denkt wenigstens. Denkende Menschen ersparen einem immer Laufereien. (Hockenjos und Kommissar Binder kommen.)

Binder

So, Meister Hockenjos. Jetzt habe ich Ihren Wunsch, Sie aufs Bürgermeisteramt zu führen, erfüllt, nun müssen Sie sich aber auch ganz ruhig verhalten.

Hockenjos

(großer, breitschultriger Mann. Haar und Bart sind stark ergraut. Er spricht schwer, aber nachdrücklich, in tiefem, meist humoristisch sordiniertem Baß; trägt vernachlässigte Kleider, einen breitrandigen Filzhut)

Der Teufel soll Sie holen, Mann! Können Sie auf eine

223

anständige Art erklären, weshalb Sie mich wie einen Sträfling behandeln, he?

Abendrot

P–scht! p–scht!

Binder

Sie müssen sich den behördlichen Anordnungen fügen.

Hockenjos

Ich füge mich, weil es mir paßt. So steht die Sache. In die Suppe werd' ich euch schon spucken, darauf könnt ihr euch verlassen. Aber anders als ihr denkt. Wo ist denn der Oberkoch? Ah, Herr Bienemann! Freut mich, Sie zu sehen, Herr Redakteur. Sind Sie jetzt avanciert, weil Sie in der Bürgermeisterkanzlei sitzen?

Bienemann

(schmunzelnd, süßlich)

Sprechen wir nicht von mir, Meister Hockenjos. Die interessante Person sind Sie. Wie kommen Sie denn her? von wo? Sie erscheinen ja wie ... wie ...

Hockenjos

Wie das Gespenst am Hochzeitstag, jawohl. Aber ich fühle mich gar nicht gespensterhaft. Zunächst will ich mich mal – unaufgefordert, Sie verzeihen schon – hier niederlassen. So. Hier sitze ich, ich kann nicht anders.

Bienemann

Bitte sehr. Ruhen Sie sich nur aus. (Zu Abendrot, leise.) Suchen Sie den Bürgermeister auf und sagen Sie ihm, daß ich ihn hier in Gewahrsam halte. Aber Vorsicht! – (Zu Binder.) Sie brauchen nicht hier zu bleiben. Es genügt, wenn Sie im

Korridor einen Polizeidiener als Wache aufstellen. Es soll niemand hereingelassen werden. (Während Binder und Abendrot abgehen.) Wie ich aus Ihrem Verhalten schließen darf, ist Ihnen also die ganze Komplikation schon bekannt, Meister?

Hockenjos

Komplikation nennen Sie diese Schurkerei? Auch recht.

Bienemann

Nun, man meint es gut mit Ihnen. Man sorgt für Ihren Nachruhm.

Hockenjos

Hanswurste seid ihr.

Bienemann

Unterschreib ich unbesehen.

Hockenjos

Aber mit meinem Leichnam werdet ihr nicht so kurzen Prozeß haben wie mit meinem lebendigen Korpus.

Bienemann

Ich fürchte. Ich fürchte. Sie waren also in Aßmannshausen bei Ihrer Frau?

Hockenjos

Reden Sie meinetwegen von meinem Nachruhm, Herr, obwohl das ein Gemüse ist, das keinem mehr schmeckt, wenn man's ihm auftischt, aber von meinem Weib reden Sie nicht. Die Fäuste tun mir noch weh, und das ist alles, was ich an Erinnerung behalten will. Ich sage Ihnen, ein Vieh ist der Mensch. Allerwegen treibt's ihn zum Stall zurück. Und wenn draußen die beste Weide ist, er denkt bloß an den

Stall. Das schönste Futter läßt er liegen, das ihm der Herrgott spendet, und rennt zur Krippe, wo der Bauer spart und mit der Peitsche knallt.

Bienemann

(echt)

Ja, zum Henker, warum sind Sie denn nicht dort geblieben in den wilden Gegenden, wenn es Ihnen schon nicht gefallen hat, das Zeitliche zu segnen? Es wäre besser für Sie und für uns. Jetzt haben wir bloß die Scherereien.

Hockenjos

Glauben Sie, ich hätte den Ehrgeiz, Ihnen Scherereien zu ersparen? Im Gegenteil. Sie werden Ihre blauen Wunder erleben.

Bienemann

(resigniert)

Na, wohl bekomm's.

Hockenjos

Wie flink ihr seid, einen Toten leben zu lassen, während ihr dem lebendigen Menschen die Haut abzieht!

Bienemann

Mein Gott, die Zivilisation bringt eben manchen Übelstand mit sich. Sind Sie denn nun eigentlich dort unten gewesen bei den wilden Völkern?

Hockenjos

Und ob, mein lieber Herr, und ob! War dabei, wie sechzig wackere Burschen aufgerieben worden sind von den braunen Satansbrüdern, und wäre nicht ein malaiisches Mädchen gewesen, das mich auf Gebirgswegen zur Küste führte, dann könnt ich heute eure Kirchweih dahier nicht stören.

Bienemann

Sie betrachten unsere Angelegenheit etwas zu vergnügt, scheint mir. Da haben Sie wohl große Strapazen erlitten? Aussehen tun Sie ja wie der leibhafte Odysseus.

Hockenjos

Was wollen Strapazen schließlich bedeuten? Ist eine Herrlichkeit, wenn einem die Sonne immerfort bis in den Magen leuchtet. Dort ist der Mann ein Mann. Von Polizei nirgends die Spur. Und Blumen! und Vögel! und Bäume! Da weiß man erst, was Gott der Herr erschaffen, und warum er am siebenten Tag ausgeschnauft hat. Hier guckt einer dem andern auf die Finger, und schockweis fressen sie aus demselben Tiegel. Und ein Eifer, und ein Fleiß, und eine Wichtigkeit, aber ist's denn irgend jemandem Ernst? Tinte schwatzen sie.

Bienemann

Ganz meine Meinung.

Hockenjos

Sie sind auch so ein Kalfakter.

Bienemann

Verurteilen Sie mich nicht. Ich diene dem Gemeinwohl.

Hockenjos

Gemeinwohl ... ein richtiges Tintenwort.

Bienemann

Durchaus nicht.

Hockenjos

Möchten Sie mir nicht erklären, was Sie unter Gemeinwohl verstehen?

Bienemann

(trocken)

Gemeinwohl ist das, was viele tun müssen, um einen einzelnen zu fördern.

Hockenjos

Der Tausend! Mensch, Sie sind ja ein Zyniker!

Bienemann

Gott sei Dank, das bin ich. Diese Eigenschaft hab ich mir im Umgang mit Leuten erworben, die sich dadurch von mir unterscheiden, daß sie den Begriff Gemeinwohl anders definieren. (Stimmenlärm von der Straße.)

Hockenjos

Jetzt geht's los da drunten.

Bienemann

Ja. Ich bin nur neugierig, was wir mit Ihnen da oben anfangen werden.

Hockenjos

Ich auch.

Bienemann

Sie haben also keine bestimmte Vorstellung über Ihre zukünftige Rolle bei dieser immerhin ungewöhnlichen Verwicklung?

Hockenjos

Ich? Nein. Ich habe nur nicht die Absicht, mir meinen Platz in der Welt so ohne weiters wegstibitzen zu lassen. Wenn's auch nur ein ganz lumpiger Platz war, so ein Fünfzigpfennigplatz, auf dem Olymp ...

Bienemann

Das kann ich Ihnen nachfühlen. Als deklarierter Toter lebt sich's nicht sehr bequem.

Hockenjos

Und noch dazu auf solche Manier deklariert ... (Erregt sich.) Wenn ihr wenigstens das Denkmal von einem anständigen Kerl hättet machen lassen. Aber von diesem Zuckerbäcker, dem Mettenschleicher! diesem Pfründner, der von der Kunst ungefähr so viel versteht wie ich vom Koloratursingen, diesem Eunuchen, der mit seiner Nase immer an den unanständigsten Gegenden prinzlicher Personen schnuppert, – daß ihr mich von dem habt verewigen lassen, das wurmt mich.

Bienemann

Wir haben halt Pech mit Ihnen. Jetzt ist es zu spät.

Hockenjos

Mir wird schon übel, wenn ich das Zeugs da unter den Hüllen sehe. Wahrscheinlich so ein Marzipan-Engel, was?

Bienemann

Natürlich, was glauben Sie denn! Wir werden uns doch die Muse nicht entgehen lassen, die den Künstler auf die Stirne küßt!

Hockenjos

Und mit zwei Flügeln, was?

Bienemann

Zwei Flügel. Ganz richtig. Wie sich's gehört.

Hockenjos

O, du Schuft!

Bienemann

Achtung, jetzt hör ich den Bürgermeister kommen.

Karinkel

(stürzt in höchster Eile herein)

Das ist er also! (Starrt Hockenjos an.)

Hockenjos

(ironisch)

So echauffiert, Herr Bürgermeister?

Karinkel

Sie spotten wohl? Mir ist gar nicht spötterisch zumut.

Hockenjos

(brüsk)

Was steht dem Herrn zu Diensten?

Karinkel

(wischt den Schweiß von der Stirn)

Es wird Ihnen doch bekannt sein, daß wir eben im Begriff sind, die Enthüllung Ihres Denkmals zu feiern.

Hockenjos

Jawohl. Ist mir zu Ohren gekommen. Das ist auch der

Grund, weshalb ich da bin.

Karinkel

(einschmeichelnd)

Sie werden doch einsehn, lieber Meister, daß Sie unmöglich in der Stadt bleiben können.

Hockenjos

Sehe ich ohne weiters ein.

Karinkel

(hocherfreut)

Das lob ich mir. Sie sind ein prächtiger Mensch.

Hockenjos

Gewiß. Man muß bei mir nur den Herzpunkt treffen.

Karinkel

Es wäre ja auch ein Mord, lieber Freund, ein moralischer Mord.

Hockenjos

Ei wieso denn?

Karinkel

Sehr einfach. Jeder, der über diesen Platz an diesem Denkmal vorübergehen wird, eifert Ihnen nach, schaut zu Ihnen hinauf, bringt ebenfalls Großes hervor und nützt so wieder seinen Mitbürgern und der Stadt.

Hockenjos

Das leuchtet mir beinahe ein.

Bienemann

Es ist so klar wie zweimalzwei.

Karinkel

(immer eifriger)

Sie sind heute ... wie alt sind Sie?

Hockenjos

Vierundfünfzig.

Karinkel

Vierundfünfzig. Wie alt wird der Mensch? Siebzig. Sagen wir fünfundsiebzig.

Hockenjos

Gut. Sagen wir fünfundsiebzig.

Karinkel

Wegen dieser erbärmlichen zwanzig Jahre wollen Sie Ihre Unsterblichkeit aufs Spiel setzen?

Hockenjos

Hm ... Finden Sie nicht, daß ein Sperling in der Hand besser ist –

Karinkel

Nein, nein, nein, vom idealen Standpunkt nein.

Bienemann

Durchaus nicht.

Hockenjos

Was habe ich also nach Ihrer Ansicht zu tun?

Karinkel

Sie müssen fort.

Hockenjos

Es haben mich aber doch einige Leute gesehen ...

Karinkel

Das macht nichts; wir geben Sie für Ihren Doppelgänger aus. Wir bringen in der Zeitung eine kleine scherzhafte Notiz. Nicht wahr, Bienemann? Wir nennen ihn Mister Koch aus Pennsylvanien. Hahaha!

Bienemann

Das geht, das geht. »Ein heiteres Spiel des Zufalls fügte es« – und so weiter.

Karinkel

Sie müssen Deutschland verlassen.

Hockenjos

Mit Vergnügen.

Karinkel

Sie müssen Europa den Rücken kehren.

Hockenjos

Mehr kann ich aber unmmöglich für Sie tun.

Karinkel

(glücklich)

Sie sind ein Engel von einem Mann. Mit Ihnen kann man ja ausgezeichnet reden. Da sieht man erst, wie schlecht man im Leben einander kennen lernt.

Hockenjos

Langsam, langsam, bester Herr –

Karinkel

Sie fahren also nach Amerika. Sie benutzen den Schnellzug, der um drei Uhr hier hält. Die Reisekosten –

Hockenjos

Langsam. Jetzt komme ich.

Karinkel

Die Reisekosten zahlen wir selbstverständlich –

Hockenjos

So billig denken Sie mich loszuwerden?

Karinkel

Na ja, man kann noch ein Übriges tun ...

Bienemann

(aus dem Hinterhalt hetzend)

Ein kleines Douceur ...

Hockenjos

Ihre Propositionen haben Sie gemacht. Jetzt will ich die meinen machen.

Karinkel

(ängstlich)

So ... Sprechen Sie nur frei von der Leber weg.

Hockenjos

Wie viel hat Sie der Marmorhaufen da draußen gekostet?

Karinkel

Viel Geld; schändlich viel!

Hockenjos

Na ... dreißigtausend –?

Karinkel

Mehr!

Hockenjos

Also. Ich verlange nur so viel.

Karinkel

(wie mit der Nadel gestochen)

Was? Sie sind toll!

Hockenjos

Kommt denn das gegen die Unsterblichkeit in Betracht, verehrter Bürgermeister?

Karinkel

Mensch, es handelt sich ja um Ih r e Unsterblichkeit!

Hockenjos

Mit der S i e ein Geschäft machen wollen. So viel wie Sie für mein Denkmal ausgegeben haben, lieber Herr, habe ich mein ganzes Leben lang mit meiner Hände Arbeit nicht verdient. Ich verkaufe Ihnen meinen Leichnam für weniger Geld als Sie für seine Glorifikation ausgegeben haben. Ist das nicht kulant? Sie haben ja eine Ausstellung meiner Bilder veranstaltet. Sie haben ja allen möglichen blumeranten Quatsch darüber schreiben lassen. Die Bilder gehören Ihnen. Bezahlen Sie sie mir, so daß ich endlich einmal leben kann, denn hierzulande hab ich bis jetzt kein Leben geführt.

Karinkel

(jammernd)

Aber, Mann! was kümmern mich Ihre Bilder!

Hockenjos

Endlich ein Wort aus dem Herzen. Also kurz und bündig, Herr: ist Ihnen meine Willfährigkeit so viel wert oder nicht? Den Hanswurst spiel ich nimmer länger.

Karinkel

(verzweifelt)

Wo soll ich so eine Menge Geld hernehmen? Bienemann helfen Sie mir doch! Überreden Sie ihn doch –

Hockenjos

(greift nach seinem Hut)

Genug geredet. Ich werde jetzt eine kleine Unterhaltung mit meinem – Doppelgänger führen.

Karinkel

Halt! halt! Ich will ja ... genügt eine Sicherstellung des Kapitals?

Hockenjos

Die genügt. (Sehr ernst.) Wenn ich nur was Sicheres habe. Was Sicheres brauch ich jetzt. Brot! Und Frieden.

Karinkel

(das Folgende sehr rasch)

Man muß eine Anleihe aufnehmen.

Bienemann

Gibt es keine geheimen Fonds?

Karinkel

Wenn wir nur ein paar reiche Juden hätten ... (Beißt sich in die Finger.)

Bienemann

Zu überlegen ist keine Zeit.

Karinkel

Ich habe eine Idee. Ich beantrage im Gemeinderat den Bau eines Hockenjos-Museums, und das Geld verwend' ich einstweilen, um den Mann zu befriedigen.

Bienemann

Vortrefflich. Rechnen Sie auf mich.

Hockenjos

(am Fenster, mit Blick gegen das Denkmal)

Da faseln sie von Kunst. Von Kunst faseln sie, die Hunde. Ruhm! Ha. Mich verlangt nach keinem Ruhm. Selbst wenn's ernst damit wäre. Alle Vorbehalte gehn dabei flöten. Ich will meine Vorbehalte haben. Will nicht von jedem Narren angesturt werden. Da ist man ja wie das Tor von einem Pfandhaus. Ich pfeif auf die Kunst. Sie ist viel zu groß für den schwachen Schädel. Kannst du den Großen groß sein? Die wandeln im Elysium, während du im Dreck kutschierst. Nützlich muß man sein. Und kaltblütig. Adieu, Städtchen! Dieses Amerika ist ja bloß ein paar Stunden weit von hier. Am Samstag, eh ich sterbe, komm ich mal übern Sonntag herüber.

Karinkel

(hat die Tür geöffnet, Abendrot hereingewinkt und mit ihm lebhaft geflüstert.

Abendrot nickt mehrmals und geht wieder hinaus, Karinkel zu Hockenjos)
Vom Fenster weg, um aller Heiligen willen!

Hockenjos
(gemächlich)
Aber lieber Herr, wer denkt denn da drunten an mich!

Karinkel
Also, es wird alles geordnet. Nur noch eine Bedingung habe ich zu stellen.

Hockenjos
Die wäre –?

Karinkel
Sie müssen sich den Bart abrasieren lassen.

Hockenjos
Wenn es sein muß – (Abendrot kommt mit einer Seifenschüssel, Pinsel und Rasiermesser.)

Karinkel
Es muß sein. Ich habe schon mit Abendrot gesprochen. Er versteht sich auf die Hantierung. Wir dürfen keinen Fremden mehr ins Vertrauen ziehn.

Kommissär Binder
(kommt)
Herr Bürgermeister, es ist die höchste Zeit. Der Herr Professor Mettenschleicher führt soeben Seine königliche Hoheit zum Festplatz.

Karinkel
Ich komme.

Bienemann

(am Fenster)

Das Volk ist schon versammelt.

Karinkel

Geben Sie mir das Konzept meiner Rede, Bienemann.

Bienemann

Jaso, die Festrede. Hier. (Reicht ihm das Manuskript.)

Karinkel

Wie seh ich aus?

Bienemann

Tadellos.

Karinkel

Ist es wahr, Binder? Keine Flecken?

Binder

Da am Knie ist ein Spritzer ... (Bückt sich, reibt.)

Bienemann

Von der Bratensauce.

Karinkel

Schnell, schnell. Kommen Sie, Binder. Und Sie Bienemann,
bleiben hier und passen gut auf. (Ab mit Binder.)

Abendrot

Wolle Se gefälligst Platz nehme, Herr?

Hockenjos

(setzt sich; zu Bienemann)

Sie sind also der Verfasser der Festrede?

Bienemann

Jawohl. Ich bin des Bürgermeisters Tintenfaß. Er verschwendet geradezu meinen Geist. Eines Tages werde ich wegen Gehirnschwund der Armenkasse zur Last fallen. Vielleicht bekomm ich dann auch einen Denkstein. Die Inschrift wird lauten: Dem treuen Hohlkopf Bienemann sein väterlicher Blutegel Karinkel.

Hockenjos

Der Mann ist sehr strebsam.

Bienemann

Strebsam, ja; das ist er. Für mich ist er vorbildlich. Geradezu ein Gattungsbegriff. Er war ein einfacher Schneider.

Hockenjos

(bereits mit abgeschnittenem Bart)

Davon hat er was beibehalten.

Bienemann

Die ganze Stadt könnte man Karinkelei nennen. Der Schneider siegt auf der ganzen Linie.

Hockenjos

Sie sind bitter.

Bienemann

Bitter und (mit Blick auf Abendrot) unvorsichtig. (Musiktusch von draußen.) Aha, der Prinz!

Hockenjos

Na, Abendrot, was denken denn Sie bei dem Rummel?

Abendrot

(einseifend)

Ich hab mer nie Gedanke gemacht über meine vorgesetzte
Behörde.

Stadtrat Hannewickel

(tritt ein; ein schlottriger, schwerhöriger Greis)

Entschuldige die Herre, ich möcht mir die Festlichkeit von
owe ansehe. (Stutzt.) No, no, was isch denn das?

Bienemann

(ihm ins Ohr schreiend)

Ein berühmter Zeitungsberichterstatter aus Amerika, Herr
Stadtrat. Hat Eile, will dem Prinzen vorgestellt werden.
Muß sich hier rasieren lassen. Mister Koch – Herr Stadtrat
Hannewickel.

Hannewickel

Merkwürdig, merkwürdig ...

Hockenjos

How do you do, Sir?

Bienemann

(ihm ins Ohr)

Er erkundigt sich nach Ihrem Befinden.

Hannewickel

Dank schön. Dank schön. (Geht ans Fenster, öffnet es.)

Stimme Karinkels

Zum ersten Mal tritt die hohe Aufgabe an uns heran, dem Namen eines Mitbürgers zu huldigen, eines Mannes, der in unserem engsten Kreis gestrebt und geschaffen hat, eines großen, gottbegnadeten Künstlers.

Abendrot

Sie müsse den Kopf e bissele rechts halte ...

Stimme Karinkels

Wir sehen noch im Geist seine herrliche Gestalt durch unsere Gassen schreiten, wir können sein feuriges Auge nicht vergessen, wir spüren noch mit Ehrfurcht den Hauch seiner Gegenwart, die uns erhoben und über den Alltag entrückt hat ...

Hockenjos

Daß dich der Satan beiße ...

Abendrot

Nu müsse Se 'n Kopf e bissele links halte ...

Hannewickel

(zu Bienemann)

Wie heischt jetz der Künschtler, dem Se's Denkmal g'setzt hawe?

Bienemann

(schreit ihm ins Ohr)

Hockenjos!

Hannewickel

Richtig. Ich hab halt gar koi Gedächtnis mehr. Drei Sachen kann i mir überhaupt nimmer merke. Erschtens Zahlen. Zweitens Namen. Drittens ... Herrjeses, 's dritte haw' i vergessen.

Karinkels Stimme

Der Ruhm seines lichtstrahlenden Pinsels wird durch die
Zeiten schimmern und unsern Söhnen ein Vorbild sein – – –
–

(Der Vorhang fällt.)

www.ingramcontent.com/pod-product-compliance
Lightning Source LLC
Chambersburg PA
CBHW030405270326
41926CB00009B/1274